Daniel Maiberg

Paintball – Das Buch!

Fakten, Tipps & Spielarten

KRETSCHMANN
Mediamarketing

Wichtiger Hinweis:
Die Informationen in diesem Produkt werden ohne Rücksicht auf einen eventuellen Patentschutz veröffentlicht. Warennamen werden ohne Gewährleistung der freien Verwendbarkeit benutzt. Bei der Zusammenstellung von Texten und Abbildungen wurde mit größter Sorgfalt vorgegangen. Trotzdem können Fehler nicht vollständig ausgeschlossen werden. Verlag, Herausgeber und Autoren können für fehlerhafte Angaben und deren Folgen weder eine juristische Verantwortung noch irgendeine Haftung übernehmen.
Für die Mitteilung eventueller Fehler sind Verlag und Herausgeber dankbar. Gleiches gilt für Anregungen, Verbesserungsvorschläge, Erfahrungsberichte usw.
Mitteilungen senden Sie bitte per E-Mail an:
redaktion@paintball-buch.de
Fehler und Ergänzungen, die dem Autor oder dem Verlag nach Drucklegung bekannt geworden sind, werden im Internet unter folgender Adresse veröffentlicht:
http://www.paintball-buch.de/nachtrag

Presse- und Marketinganfragen senden Sie bitte per E-Mail an:
sales@paintball-buch.de

Lektorat: Peter Stiebling

Zur Herstellung wird nur säure-, holz- und chlorfreies Papier verwendet.
Alterungsbeständig nach DIN-ISO 9706.

Printed in Germany.

Herstellung: Books on Demand GmbH, Norderstedt

ISBN-10: 3-9809567-1-7
ISBN-13: 978-3-9809567-1-0

Vorwort

Paintball erfreut sich auch in Deutschland immer größerer Beliebtheit. Schätzungsweise 60 000 deutsche Paintballspieler gibt es zwischenzeitlich, europaweit sind es ca. 3 Millionen, weltweit mindestens 18 Millionen. Dennoch suchte man einen Überblick oder gar ein Kompendium zum Paintballsport im deutschsprachigen Raum bisher vergebens. Interessierte Laien und aktive Player mussten sich ihre Informationen bruchstückartig aus oftmals zweifelhaften Quellen mühsam zusammensuchen. Hieraus resultierende Unterscheidungsprobleme zwischen der hiesigen und der ausländischen Szene führten nicht nur bei den Sportlern selbst zu Problemen, sondern auch zu undifferenzierten medialen Darstellungen. Diese Lücke schließt nun „Paintball – Das Buch!“. Erstmalig steht – da das Buch auch über den normalen Buchhandel vertrieben wird – jedermann ein zuverlässiger Ratgeber zur Verfügung, der Paintball als hoch strategische Sportart objektiv und seriös beleuchtet.

Das vorliegende Buch ist dabei so geschrieben, dass es ohne Vorkenntnisse lesbar ist. Um diesen Anspruch erfüllen zu können, hat sich der Verlag entschieden, als Koautor einen paintballfremden Sportjournalisten (Werner Kellerhoff) zu verpflichten. Sowohl bei der Ausarbeitung des Buchkonzeptes wie auch beim Gegenlesen des Manuskriptes bestand seine Aufgabe darin, die fortlaufende Verständlichkeit sicherzustellen. Doch auch alte Hasen werden viele neue Aspekte ihres Sports entdecken.

Kritische oder zustimmende Reaktionen aus der Leserschaft sind ausdrücklich erwünscht. E-Mail:

daniel.maiberg@paintball-buch.de

Ergänzungen zum Buch werden im Internet unter folgender Adresse veröffentlicht:

http://www.paintball-buch.de/nachtrag

An dieser Stelle möchte ich mich noch einmal ausdrücklich bei allen am Projekt beteiligten Mitabeitern des Verlages bedanken, die mit viel Engagement und Herzblut dieses für Sie eigentlich artfremde Projekt vorangetrieben haben.

Daniel Maiberg und Werner Kellerhoff

Inhalt

Vorwort **3**

Einführung **7**

Kapitel 1: Die Ausrüstung **19**

1. Der Paintball 19
2. Der Pod 22
3. Der Markierer (Die Paintballpistole) 22
4. Der Gesichtsschutz 29
5. Die Protektoren 30
6. Markiererzubehör 31
7. Sonstiges Zubehör 36
8. Funktionsweise eines Markierers 39
9. Der Spieler 40

Kapitel 2: Sicherheitsregeln im Überblick **44**

Kapitel 3: Die verschiedenen Spielarten **46**

1. SupAir/Speedball (Das Feldspiel) 46
2. Gotcha (Das Wald- und Szenarienspiel) 49
3. Spielerfunktionen und Positionen 51

Kapitel 4: Paintball-Ligen **53**

1. Deutsche Nachwuchsliga 55
2. Deutsche Amateurliga 55
3. Deutsche Profiliga 55
4. Weitere Ligen und Funcups 56
5. Homepages der Ligen 56

Kapitel 5: Interview Flying Colors **57**

Kapitel 6: Die Spielarten im Detail **65**

1. Capture the Flag (Eroberung der Flagge) 65
2. Recapture the Flag 70
3. Centerflag 71
4. Elimination Game 72
5. Hasenjagd 75
6. Pfadspiel 75
7. Get the Trophy 77
8. Conquer the Base 77
9. One Man Hunt 79
10. Das Winterspiel 79
11. Das Nachtspiel 81

Kapitel 7: Das erste Spiel **83**

Kapitel 8: Strategien & Tipps **93**

2. Kommunikation 94
3. Spielfeldbau 95

Glossar **102**

Einführung

Paintball ist ein Gemeinschaftsspiel, bei dem zwei Mannschaften versuchen, in den Besitz der Fahne des jeweils anderen Teams zu gelangen und sie zum eigenen Fahnenpunkt zu bringen. Als Spielgerät dienen so genannte Markierer, mit deren Hilfe mit Lebensmittelfarbe gefüllte Gelatinekugeln verschossen werden können. Zerplatzt eine solche Farbkugel an der Kleidung eines Gegenspielers, gilt er als markiert und muss die laufende Spielrunde verlassen.

Beide Mannschaften starten zu Beginn des Spiels an zwei gegenüberliegenden Seiten des Spielfelds an ihrer so genannten „Base" oder auch Startposition. An diesen Startpositionen befindet sich jeweils eine Fahne. Natürlich wird jedes Team versuchen, die Wegnahme der Fahne zu verhindern und den Fahnenräuber zu markieren. Jeder getroffene Spieler scheidet aus dem Spiel aus. Das Spiel ist auch gewonnen, wenn alle Spieler der gegnerischen Mannschaft markiert wurden.

Paintball entwickelte sich in den letzten Jahren zu einem immer beliebteren Trendsport. Die Nachfrage an Paintballmarkierern und -zubehör stieg kontinuierlich an und damit einhergehend auch die Produktvielfalt und das Angebot. Paintball oder genauer die Paintballmarkierer wurden ursprünglich in den Achtzigerjahren in Amerika zum Markieren von Rindern und Kühen auf großen Farmen entwickelt und waren somit eigentlich gar nicht für den Sport bestimmt. Damals merkten die Cowboys, dass es viel lustiger ist, statt der Rinder sich gegenseitig mit Farbkugeln zu markieren. Das war ganz streng genommen die eigentliche Geburtsstunde des Paintballs. Es ist also mehr ein Zufall, dass sich Paintball überhaupt zu dem Breitensport, den wir heute unter dieser Bezeichnung verstehen, entwickelt hat und sich nun derart großer Beliebtheit erfreut. Überall auf der Welt wird inzwischen mit wachsendem Enthusiasmus diesem jungen Freizeitsport gefrönt und alle Paintballspieler betrachten sich als Sportler. Die Topteams treffen sich regelmäßig zu internationalen Veranstaltungen in und außerhalb von

Europa. Auf bundesdeutscher Ebene existieren mehrere Ligen und viele weitere Veranstaltungen.

Paintball wird leider immer wieder mit „Gotcha" in einen Topf geworfen und oftmals leider auch synonym verwendet. Deshalb gilt es zunächst die Frage zu klären: Ist Paintball nicht das, was man auch gemeinhin Gotcha nennt? Nun, die Bezeichnung Gotcha wird für das Ende der Achtzigerjahre in den USA entstandene Spiel verwendet (siehe oben). Bei Gotcha werden verschiedenste Szenarien nachgespielt. Um diese möglichst realistisch zu gestalten, wurden die Markierer echten Waffen nachempfunden und die Gelände so ausgewählt, dass die Spiele einer militärischen Auseinandersetzung nahe kommen. Durch diese extreme Art ist auch das paramilitärische Image des Sports entstanden. Mitte der Neunziger wurde Gotcha immer populärer, und es entstand die „No-Camo"-(keine Tarnkleidung)Bewegung. Hieraus entwickelte sich dann der Paintball innerhalb der nächsten 4 Jahre bis zum Turniersport. Das Nachspielen eines Szenarios trat in den Hintergrund, der Sportgedanke wurde mehr und mehr betont. Aus diesem Grund wurden einheitliche Regeln und Bedingungen eingeführt. Heute gibt es festgelegte Regeln, klare Kleiderordnungen und einheitliche Spielfelder. Parallel dazu gibt es allerdings immer noch die Gotcha-Fraktion, von der sich nahezu alle Paintballer stark distanzieren. Festzuhalten bleibt also folgende Unterscheidung: Paintball ist ein Sport mit einem festen und anspruchsvollen Regelwerk, Gotcha hingegen lediglich ein Spiel!

Für wen ist Paintball geeignet?

Paintball ist grundsätzlich für jeden interessant, der Spaß am Teamspiel hat, egal ob Mann oder Frau. Ein Spiel, das sowohl junge wie auch alte Menschen spielen und daran Spaß finden können. Keine sinnlose Schießerei, sondern ein Spiel, bei dem vom Spieler einiges verlangt wird. Die gängige Meinung vieler Nichtspieler, Paintball sei etwas für Freizeitrambos, „rechte Übungstrupps" oder was da sonst bei Außenstehenden noch assoziert wird, ist schlicht und ergreifend falsch. Leute, die erwarten, beim Paintballspiel ihre soldatischen Fantasien ausleben zu können, werden nach ihrem ersten Spiel nur enttäuscht sein und entweder sofort wieder aufhören oder entdecken, dass der unendliche Spaß das wahre Geheimnis des Erfolgs von Paintball ist. Neben Taktik, Geduld und Geschicklichkeit kann auch die Kondition des Einzelnen eine entscheidende Rolle im Wettkampf um den Sieg haben. Also kein plumpes Spiel, sondern ein aufregendes und abwechslungsreiches Abenteuer wartet auf Sie. Lassen Sie sich darauf ein, Sie werden es nicht bereuen!

Wenn Fußball und Basketball für Sie zu langweilig, Tennis oder Schwimmen zu eintönig sind, bietet Paintball womöglich die fehlende Abwechslung. Vielleicht bietet Ihnen das Spiel aber auch einfach nur den fehlenden Ausgleich zu Ihrem stressigen Berufsalltag. Ganz egal, ob Sie ein Hobby oder eine Gelegenheitssportart suchen, wenn Ihnen die Abwechslung, der Nervenkitzel und der Spaß in Ihrer bisherigen Sportart gefehlt haben, sollten Sie es einmal mit Paintball probieren.

Sie müssen nicht täglich spielen, auch bei Gelegenheitsspielern bringt Paintball riesigen Spaß. Es ist kein regelmäßiges Training oder der Eintritt in einen Verein notwendig, um Freude am Spiel zu haben. Für Gelegenheitsspieler, die nur selten spielen, gibt es in Deutschland diverse offizielle Spielfelder, auf denen man gegen eine geringe Gebühr Markierer und Ausrüstung ausleihen und Paintballs kaufen kann. Diese Spielfelder sind auch bestens für Einsteiger geeignet, die das Spiel erst noch für sich austesten möchten, bevor Sie sich im Paintballshop eine komplette Ausrüstung kaufen. Probieren Sie es aus!

Rechtliche Problematik, speziell in Deutschland

Wer Paintball spielen oder gar ein Spielfeld betreiben möchte, muss mehr oder weniger große bürokratische Vorgaben beachten. Da sich die Rahmenbedingungen für Spieler und Spielfeldbetreiber signifikant unterscheiden, werden sie nachfolgend getrennt besprochen.

I. Abgrenzung zum allgemeinen Image

Abzugrenzen von der rechtlichen Dimension ist zunächst die Frage des Ansehens innerhalb der öffentlichen Meinungsbildung. Die meisten Leute wissen leider ziemlich wenig über Paintball. Einigen Leuten ist vielleicht noch im Groben bekannt, dass man maskiert in der Gegend herumläuft und probiert, andere mit etwas Gewehrähnlichem zu markieren. Laserdrome, Gotcha und Paintball werden munter in einen Topf geworfen, effekthaschende Presseberichte mit Headlines wie „Zum Abschuss freigegeben" (Coupé, Dezember 2005) oder „Scharf schießen mit Farbe" (Bild, 25.01.2006) sorgen zumindest beim oberflächlichen Betrachter für eine negativ besetzte Grundhaltung. Selbst der biedere „Tatort" wählte in der 476. Folge „Tot bist du!" für den Mord die „zwielichtige Gotcha-Szene" und fragt: „Benutzen Neonazis diese moderne Version des Cowboy- und Indianerspiels, um ihre Kameraden auszubilden?"

Problematisch dabei ist, dass sich dieses unterschwellig negativ geschürte Image auch bei den Entscheidungsträgern der Politik, Verwaltung und Justiz festsetzt und sich bei den beiden letztgenannten zumindest über Ermessens- und Auslegungsspielräume bei konkreten Entscheidungen niederschlagen kann. Nun ist es natürlich nicht fair gegenüber den Spielern, die diesen Sport seriös betreiben möchten, sie mit ein paar paramilitärischen Trotteln gleichzustellen, die überhaupt nichts mit dem Sport an und für sich zu tun haben. Deshalb ist es dringend notwendig, Aufklärungsarbeit zu leisten. Das gilt sowohl für Verbände, Veranstalter, Hersteller, Händler und vor allem für jeden einzelnen Spieler. Nutzen Sie jede sich bietende Gelegenheit und sprechen Sie mit paintballfremden Personen über *Ihren* faszinierenden Teamsport! Hierbei kann auch ein Vergleich mit anderen Sportarten hilfreich sein. Beim Fechten geht es beispielsweise darum, dass der Fechter dadurch Punkte sammelt, dass er auf seinen Gegner mit seiner Waffe einsticht. Beim Boxen geht es um den direkten Faustkampf (also das geordnete aufeinander Einprügeln) Mann gegen Mann, ähnlich auch beim Freefight. Solche martialische Gewalt ist dem Paintball fremd. Spielziel ist nicht das Treffen des Gegners mit Farbe, sondern das Erobern der Fahne. Dies lässt sich am besten durch geschickte Ausnutzung des Terrains und oftmals gerade auch durch Vermeidung der direkten Auseinandersetzung erreichen. Das sollte mal ein Boxer oder ein Fechter versuchen nachzuahmen. Vergleichbar ist das Markieren des Gegners am besten mit dem so genannten „Abwerfen" beim Brennball oder Völkerball.

2. Rechtliche Vorgaben für den einzelnen Spieler

Um es gleich vorwegzunehmen: Paintball zu spielen ist in Deutschland in keiner Weise illegal! Es gibt lediglich einige Vorgaben, die im Zusammenhang mit dem Erwerb, Besitz und Betrieb des Markierers zu beachten sind. Das hängt damit zusammen, dass die Markierer nach der Definition des Waffengesetzes (WaffG) leider als Waffe angesehen werden, auch wenn damit lediglich leicht platzende Gelatinekugeln verschossen werden. Um Konflikte mit dem Gesetz zu vermeiden, sollten daher die nachfolgenden Ausführungen jedem Paintballspieler bekannt sein.

a) Rechtliche Einordnung

Markierer gehören zur Obergruppe der Luftdruck- und Federdruckwaffen. Sie fallen unter die Definition der Schusswaffen und sind somit als Schusswaffe anzusehen (§ 2, Abs. 4 WaffG in Verbindung mit Anlage 2, Abschnitt 2, Unterabschnitt 2, Nr. 1.1).

b) Erwerb und Besitz

Markierer dürfen im Bereich von 0,08 bis 7,5 Joule Antriebsenergie **ab 18 Jahren frei erworben und besessen werden, wenn sie ein Zulassungszeichen tragen** (Anlage 2, Abschnitt 2, UA 1, Nr. 1 WaffG). Dabei handelt es sich um ein Fünfeck mit einem F in der Mitte. In diesem Fall brauchen Sie also weder eine Waffenbesitzkarte (d. h. die Erlaubnis der zuständigen Behörde zum Besitz nach § 10 WaffG) noch einen Waffenschein (§ 10 WaffG). Beachten Sie aber: Auch zum Führen (d. h. zugriffsbereites und schussbereites mit sich Tragen) eines Markierers außerhalb des befriedeten Besitztums ist ein Waffenschein erforderlich (nicht mit dem Transport zu verwechseln, dazu sogleich mehr). Verfügt der Markierer über mehr als 7,5 Joule, so benötigt der Besitzer schon zum Erwerb eine Waffenbesitzkarte und zum Führen einen Waffenschein. Genauere technische Informationen folgen im nächsten Kapitel.

c) Benutzung des Markierers

Das Schießen mit einem Markierer bedarf prinzipiell einer behördlichen Erlaubnis (§ 10, Abs. 5 WaffG). Jedoch wird eine solche Erlaubnis nicht benötigt, wenn der Markierer **nur auf befriedetem Besitz** benutzt wird und die Geschosse das Grundstück nicht verlassen können (§ 12, Abs. 4, Nr. 1a WaffG). Das befriedete Besitztum sind neben Wohnung und Geschäftsräumen (z. B. kommerzielle Spielfelder) solche Grundstücksbereiche, die in äußerlich erkennbarer Weise durch Umgrenzungen gegen willkürliches Betreten gesichert sind. Ein Feld- oder Waldgrundstück gilt durch behelfsmäßiges Abgrenzen mittels Leinen, Flatterbändern und Ähnlichem nicht als befriedet. Vielmehr muss der Zugang zum Gelände so abgesperrt sein (z. B. durch einen Zaun), dass sich kein unbeteiligter Passant in die Schusslinie verirren kann, und das Gelände muss derart beschaffen sein, dass daraus kein Schuss nach außen dringt (z. B. mit Fangnetzen). Handelt es sich um ein fremdes Gründstück, muss die Zustimmung des Eigentümers im Zweifelsfall nachweisbar sein. Es empfiehlt sich somit stets, diese schriftlich zu besitzen. Das Spielen beispielsweise im öffentlichen Wald verstößt somit in zweierlei Hinsicht gegen das Waffengesetz, da es regelmäßig an einer Erlaubnis der Ordnungsbehörde fehlen wird. Zum einen stellt das unerlaubte Schießen in der Öffentlichkeit eine Ordnungswidrigkeit dar (§ 53, Abs. 1, Nr. 3 WaffG). Zum anderen stellt das Führen des Markierers außerhalb der Befriedung ohne erforderlichen Waffenschein gar eine Straftat dar (§ 52, Abs. 3, Nr. 2a WaffG).

d) Paintballs

Paintballs dagegen gelten nicht als Munition im Sinne des Waffengesetzes, hier gibt es keinerlei gesetzliche Vorgaben zu beachten.

e) Transport

Der Transport von Waffen zwischen zwei Orten, an denen der Besitz erlaubt ist, ist im nicht schuss- und zugriffsbereiten Zustand erlaubt (§ 12, Abs. 3, Nr. 2 WaffG). Der Transport darf nur in der Weise erfolgen, dass der Markierer weder schussbereit noch zugriffsbereit ist. Das bedeutet, er muss entladen sein, sich in einem verschlossenen Behältnis befinden und getrennt von der Paintballmunition und dem Gastank transportiert werden.

f) Tunen der Markierer

Es dürfen nur Dinge getunt werden, die die Geschossenergie nicht erhöhen. Sie können zum Beispiel Kunststoffteile durch Metallteile ersetzen, um die Lebensdauer zu erhöhen. Anbauteile wie zum Beispiel Zielscheinwerfer oder Nachtsichtvorsätze sind verboten (§ 2, Abs. 2 bis 4 WaffG in Verbindung mir Anlage 2, Abschnitt 1, Nr. 1.2.4.1 und 1.2.4.1).

g) An- und Verkauf der Markierer

Wer privat gelegentlich einen Markierer an eine andere Privatperson oder einen Händler verkauft, braucht neben dem Erfordernis der Volljährigkeit nichts zu beachten. Gewerbsmäßige Händler benötigen eine Waffenhandelserlaubnis (§ 21 WaffG).

h) Zusammenfassung der wichtigsten Punkte

- Jede volljährige Person darf Markierer erwerben und besitzen, die über einen F-Stempel verfügen.
- Ihren Markierer zusammenbauen und benutzen dürfen Sie nur zu Hause oder auf befriedetem Besitztum.
- Beim Transport den Markierer zerlegen und getrennt von der Munition und dem Gastank verpacken.

– Wenn Sie Ihren Markierer pimpen, achten Sie immer und unter allen Umständen darauf, dass der Markierer niemals über eine höhere Antriebsenergie als 7,5 Joule verfügt.

Tipp: Die Erfahrung hat gezeigt, dass unsere Ordnungshüter leider oftmals schlecht informiert sind bezüglich der rechtlichen Behandlung von Markierern. Sie können sich selbst viel Ärger und manche Überreaktion ersparen, wenn Sie stets eine originale (keine selbst ausgedruckte!) Textausgabe des Waffengesetzes mit sich führen. Kennzeichnen Sie am besten die relevanten Gesetzesabschnitte. Merkt der Polizist, dass Sie genau über die rechtliche Lage informiert sind, wird er Sie schnell in Ruhe lassen. Einen Hinweis auf eine empfehlenswerte Textausgabe des Waffengesetzes finden Sie auf folgender Internetseite:

http://www.paintball-buch.de/waffengesetz

3. Rechtliche Vorgaben für Spielfeldbetreiber

Gemäß Art. 20, Absatz 3 Grundgesetz ist die vollziehende Gewalt und die Rechtsprechung an das Gesetz gebunden. Anders ausgedrückt müssen sich Verwaltung und Gerichte an das halten, was im Gesetz steht, und dürfen auch nur auf Grund dieser gesetzlichen Grundlagen ihre Entscheidungen treffen. Nun gibt es in Deutschland kein Gesetz, das ausdrücklich regelt, wann und wie ein Paintballfeld betrieben werden darf. Andererseits kann und will der Gesetzgeber nicht jeden Einzelfall regeln. Dabei leuchtet es ein, dass der Verwaltung bei schwerwiegenden Verstößen, z. B. wenn das Recht auf Leben und körperliche Unversehrtheit gefährdet ist, die Möglichkeit gegeben werden muss einzugreifen. Hierfür hat der Gesetzgeber nun sehr allgemein formulierte Rechtsregeln geschaffen, laienhaft würde man sie vielleicht als „schwammig formuliert" bezeichnen. Bezogen auf den Spielfeldbetrieb bedeutet das nun Folgendes: Wird das Betreiben eines Spielfelds untersagt oder erst gar nicht genehmigt, wird es von der Verwaltung in der Regel damit begründet, dass die Errichtung bzw. der Betrieb eines Spielfelds gegen die öffentliche Ordnung verstoße.

„Öffentliche Ordnung" ist hier also die allgemein formulierte Rechtsregel. Nun wird der Betreiber des Spielfelds mit dieser Begründung nicht einverstanden sein und den Rechtsweg beschreiten. Letztlich landet die Sache also vor Gericht, und nun hängt alles davon ab, was das Gericht unter öffentlicher Ordnung versteht. *Einige* Juristen verstehen darunter, dass die Spielhandlungen des Paintballspiels gegen die Menschenwürde gemäß Artikel 1, Absatz 1 Grundgesetz verstoßen. So argumentierte beispielsweise das Oberverwaltungsgericht NRW in dem Beschluss vom 26.06.2000 (Aktenzeichen: 5 B 588/00): „Mit dem Menschenbild des Grundgesetzes, insbesondere mit der in Art. 1, Abs. 1 GG normierten Unantastbarkeit der Würde des Menschen ist es unvereinbar, die simulierte Tötung von Menschen zum Gegenstand und Ziel eines Unterhaltungsspiel zu machen. Dabei kann dahinstehen, ob der Widerspruch zu den grundgesetzlichen Wertungen allein schon aus der besonderen Betroffenheit der am Spiel beteiligten Personen folgt." Natürlich braucht man schon sehr viel Fantasie, wenn man in dem Markieren eines Mitspielers mit Gelatinekugeln eine solche Handlung interpretiert.

Glücklicherweise ist diese Argumentation auch unter den Juristen höchst umstritten. Richter können die Sache so oder so sehen, sie haben hier den oben bereits angesprochenen Auslegungsspielraum und lassen sich auch vom allgemeinen Image beeinflussen. Insbesondere neuere Entscheidungen sehen in der Errichtung eines Spielfelds keinen Verstoß mehr gegen die öffentliche Ordnung und somit die Menschenwürde. So urteilte beispielsweise das VG Stuttgart (Beschluss vom 19.02.2004; Az.: 5 K 597/04), dass Paintball zumindest nicht offensichtlich gegen den gesellschaftlichen Wertekonsens in Deutschland verstößt. Bei Paintballspielen stehe nicht das Abschießen der Mitspieler im Vordergrund. Auch das VG Dresden (Beschluss vom 28.01.2003; Az.: 14 K 2777/02 [NVWZ-RR 2003, 848]) verneint eine Gefährdung der öffentlichen Ordnung, weil es an einer gegenwärtigen Gefahr fehle. Die abstrakte Möglichkeit, dass das Paintballspiel verrohend wirken, die Grenzen zwischen Spiel und Realität bei einigen Spielern verwischen oder die Menschenwürde gefährden könne, ist nicht ausreichend. Weiter gelangt das Gericht zu der Auffassung, dass selbst wenn man in dem Markieren das spielerisch simulierte Töten bzw. Verletzen von Menschen sehen sollte, solche Handlungen gesellschaftlich so weit etabliert sind (z. B. durch Kampfsportarten oder Computerspiele), dass von einem Verstoß gegen einen allgemeinen Wertekonsens und damit gegen die öffentliche Ordnung selbst dann nicht gesprochen werden kann.

Die wenigsten Paintballspieler werden die erstgenannte Ansicht der Gerichte teilen, da es für sie einfach nur eine Funsportart ist und kein Kriegsspiel. Selbst das Gotchaspiel ist in den Augen der Spieler nur ein Spiel, bei dem das Markieren von Mitspielern nicht im Vordergrund steht. Das Tragen von Tarnanzügen ist dabei kein Mittel, sich als Soldat in einem Kriegsspiel zu fühlen oder seine politische Meinung zu untermauern, sondern nur eine Variante, den komplexen Spielablauf zu erweitern, da durch das Tragen von Tarnanzügen der Schwierigkeitsfaktor erhöht wird. Auf offiziellen Spielfeldern ist das Tragen von Tarnanzügen verboten, und die „No-Camo"-Initiative macht Sinn, wenn man die rechtlichen Probleme im Hinterkopf behält.

Nicht unerwähnt bleiben soll der Hinweis, dass sich für viele Spielfeldbetreiber das Problem des Verstoßens gegen die öffentliche Ordnung erst gar nicht stellt, da sie ihr Spielfeld als Verein betreiben. Das funktioniert allerdings nur, wenn das vom Verein betriebene Spielfeld keinerlei Öffentlichkeitsbezüge aufweist. Hiermit ist insbesondere gemeint, dass nur Vereinsmitglieder (das können auch Tagesmitglieder sein) Zutritt zum Spielfeld haben, nur Volljährige in den Verein aufgenommen werden (Schutz der Jugend als Schutzgut des öffentlichen Interesses), der Verein alle Paintballaktivitäten grundsätzlich nicht bewirbt, das Spielfeld für Vereinsfremde nicht einsehbar und begehbar ist und auch sonst nichts, was auf dem Spielfeld passiert, an Vereinsfremde kommuniziert wird (z. B. Fotos, Spielberichte usw.).

Wir wollen an dieser Stelle das juristische Hickhack auch nicht weiter vertiefen. Ich hoffe aber, dass die Ausführungen dabei helfen, in den Grundzügen über die Problematik informiert zu sein. Sei es nun, weil Sie vielleicht selbst eines Tages ein Spielfeld aufbauen möchten (darauf werden wir im weiteren Verlauf des Buches eingehen) oder Sie sich über plötzliche Schließungen von Spielfeldern oder Verzögerungen bei Neueröffnungen wundern.

Abschließend noch einige vertiefende Literaturhinweise für Interessierte. Es handelt sich hierbei um juristische Fachpublikationen, die Abkürzungen werden nur Juristen etwas sagen:

- BVerwGE 115, 189 = NVwZ 2002, 598
- EuGH, Rs. C-36/02 vom 14. Oktober 2004, Slg. 2004, I-9609
- OVG Koblenz, 11 B 11428/94 vom 21. Juni 1994 = NVwZ-RR 1995, 30 ff.
- Szczekalla, JA 2002, 992 ff.
- Kempen, NVwZ 1997, 243, 247 f.
- Heckmann, JuS 1999, 986, 990 ff.
- Haurand, JA 1995, 196 ff.
- Fechner, JuS 2003, 734, 736

Kapitel 1: Die Ausrüstung

Paintball macht Spaß und ist ungefährlich. Alles, was man benötigt, ist eine Grundausstattung, die in jedem guten Paintballshop erhältlich ist.

1. Der Paintball

Der normale Paintball hat einen Durchmesser von 17,3 mm. Seine Hülle besteht aus Gelatine und er ist mit Lebensmittelfarbe gefüllt. Trifft der Ball auf ein Hindernis, so platzt er meist auf und hinterlässt einen farbigen Fleck (Splat). Das Kaliber ist .68 (Standardgröße). Allerdings sind Paintballs laut dem Gesetz keine wirkliche Munition und müssen also auch nicht als solche behandelt werden (siehe oben). Paintballs sind ungiftig und biologisch abbaubar, theoretisch sogar essbar. Allerdings ist die Gelatine mit einem Bitterstoff versetzt, um zu vermeiden, dass die Paintballs von Kindern gegessen werden. Man bekommt Paintballs in nahezu allen nur erdenklichen Farben (dabei entspricht die Farbe der Hülle nicht unbedingt der Farbe der Füllung). Es gibt viele verschiedene Arten und Hersteller von Paintballs. Hierbei ist es jedoch äußerst empfehlenswert, sich für einen möglichst hochwertigen und qualitativen Paintball zu entscheiden.

Dies garantiert einen möglichst ungetrübten Spielspaß, da man sich nicht ständig mit im Lauf zerplatzten Bällen rumschlagen muss.

Grundsätzlich gibt es mehrere Arten und Farben von Paintballs, jedoch sollte man einige Punkte hierzu beachten:

a) Entscheiden Sie sich möglichst nicht für Paintballs der Kategorie „Zweite Wahl".
Der Preis erscheint im ersten Moment als sehr verlockend, jedoch bestimmt hier leider sehr oft der Preis die Qualität. Zweite-Wahl-Bälle sind nicht ordnungsgemäß verarbeitete Paintballs, die man an Produktionsfehlern bzw. im Beutel zerplatzten Kugeln erkennt.

b) Entscheiden Sie sich am besten für einen Markenpaintball.
Diese liegen regulär im mittleren Preissegment von ca. 50 bis 60 Euro. Hierfür erhalten Sie in der Regel einen Karton mit 2 000 Bällen, die meist qualitativ sehr zufrieden stellend sind. Man könnte meinen, eine so kleine Kugel wäre leicht herzustellen, doch es ist ein hochkomplexes Verfahren notwendig, damit der Ball am Ende auch gerade fliegt und auf seinem Ziel zerplatzt anstatt im Markierer. Mit steigender Qualität nehmen die Fertigungstoleranzen ab, die Füllung ist dicker, schwerer wegzuwischen und somit insgesamt besser sichtbar. Hieraus erklären sich auch die Preisunterschiede.

c) Überprüfen sie Ihre Paintballs am besten direkt beim Kauf auf eventuell im Karton zerplatzte Bälle.
Sollte ein Paintball in der Verpackung zerplatzt sein, sollten Sie den Verkäufer direkt um Ersatz bitten. Durch die Flüssigkeit, die aus dem zerbrochenen Ball austritt, können die anderen Paintballs in der Packung aufweichen. Dies macht sich dann durch vermehrte Laufplatzer und eine extrem ungenaue Flugbahn bemerkbar.

Diese Richtlinien sind kein Garant, aber bilden einen guten Leitfaden, anhand dessen Sie Ihre Paintballs aussuchen können. Jedoch wie in jeder

Branche gibt es auch in dieser schwarze Schafe. Deshalb achten Sie darauf, dass Sie nicht mit überteuerten Preisen hinters Licht geführt werden, indem Sie die Preise vergleichen.

Paintballs sind ein Naturprodukt und dementsprechend empfindlich. Sie mögen es weder zu kalt noch zu warm oder zu feucht. Eine konstante Zimmertemperatur zwischen 18–22 °C ist optimal. Diesen Vorgaben werden das gesamte Jahr über wohl am ehesten die Kellerräume entsprechen. Auf gar keinen Fall sollten sie neben der Heizung oder im Kühlschrank oder gar im Gefrierfach gelagert werden. Aus diesem Grund sollten Sie Folgendes beachten:

- Wenn Paintballs zu kalt werden, wird die Hülle sehr brüchig, viele zerplatzte Paints sind die Folge. Dies geschieht bei Temperaturen ab ca. + 10 °C.
- Wenn Paintballs zu warm werden, wird die Hülle weich, die Gelatine dehnt sich aus und die Bälle kleben zusammen. Dies geschieht bei Temperaturen ab ca. + 30 °C.
- Wenn Paintballs feucht werden, z. B. weil sie Regen abbekommen, sehr hoher Luftfeuchtigkeit ausgesetzt sind oder weil sich durch große Temperaturschwankungen Kondenswasser in den Beuteln bildet, saugt sich die Hülle voll, der Ball wird sehr groß, weich und klebt zusammen. Da sie in diesem Zustand nicht mehr in den Lauf passen, eignen sie sich nur noch zur Entsorgung.

Paintballs können je nach Qualität Wochen oder Monate gelagert werden, ohne kaputt zu gehen, wenn die Beutel luftdicht verschlossen und bei Zimmertemperatur gelagert werden. Gelegentliches Wenden der Paintballs hilft Druckstellen und Verformungen zu vermeiden.

Verschiedene Paintballsorten sollten grundsätzlich nicht miteinander vermischt werden, da jede Paintsorte verschiedene Durchmesser und Gewichte hat. Diese individuellen Eigenschaften führen auch zwangsläufig zu verschiedenen (und damit unkalkulierbaren) Fluggeschwindigkeiten und Flugbahnen der Paints. Je schwerer ein Paintball ist, desto mehr Energie (also Druck) braucht man, um ihn auf die gewünschte Geschwindigkeit zu bringen. Sind jetzt plötzlich ein paar leichtere Bälle dazwischen, werden diese erheblich schneller, sind ein paar schwerere dazwischen, werden diese erheblich langsamer. Kommen also andauernd andere Bälle aus dem Lauf, werden Sie bestimmt nicht das treffen, was Sie möchten. Und darüber wird sich nur das gegnerische Team freuen.

2. Der Pod

Paintballs werden in so genannten Pods oder auch Speedloadern mit auf das Spielfeld genommen. Es gibt sie in verschiedenen Größen und Formen. Sie fassen entweder 104, 140 oder 160 Paintballs. Sie werden im Battlepack mit aufs Spielfeld genommen, um immer einen ausreichenden Vorrat an Paintballs mit im Spiel zu haben, damit man nicht mitten im Spiel auf einmal ohne Paintballs dasteht und das Spielfeld verlassen muss.

3. Der Markierer (Die Paintballpistole)

Der Markierer ist der Hauptbestandteil des Spiels. Es gibt drei verschiedene Grundmodelle des Paintball-Markierers:

a) Das Pistolenmodell

Das Pistolenmodell ähnelt von außen einer echten Handfeuerwaffe. Es wird mit einer kleinen CO_2-Gaspatrone angetrieben. Diese reicht im Spiel für ca. 20 Schüsse bei gleich bleibender Leistung und ist nicht wieder auffüllbar. Die meisten Pistolen können maximal mit 10–12 Paintballs geladen werden. Die Schusskraft und die Reichweite sind wesentlich geringer als bei den größeren Modellen. Daher wird die Pistole gern als Ersatzmarkierer verwendet. Aufgrund der geringen Schussanzahl ähnelt sie echten Handfeuerwaffen und ist somit eher was für zielfeste Paintballspieler.

b) Das Pumpactionmodell

Die Pumpactionmodelle zählen bereits zu den größeren Markierern. Sie haben einen wesentlich längeren Lauf, ein größeres Magazin (Hopper) und einen großen wieder befüllbaren Gastank. Der längere Lauf sorgt hierbei für eine geradere und genauere Flugbahn des Paintballs, mit dem ein exakteres Zielen möglich ist. Der Hopper kann ca. 200 Paintballs aufnehmen und sorgt somit dafür, dass Ihnen nicht so schnell die Kugeln während eines Gefechts ausgehen. Der größere Gastank besteht aus einer großen wieder befüllbaren CO_2-Flasche. Sie gibt es in verschiedenen Größen. Eine Standard-12-Unzen-Gasflasche reicht für ca. 600 Schüsse. Bei den Pumpactionmodellen befindet sich am vorderen Lauf eine Einrichtung zum Nachladen der Paintballs. Hierbei muss nach jedem Schuss der Paintball mit der Hand nachgeladen werden. Dies geschieht, indem man den Schlitten hin und her bewegt und somit einen Paintball aus dem Hopper in den Lauf lädt.

c) Die Halbautomatik

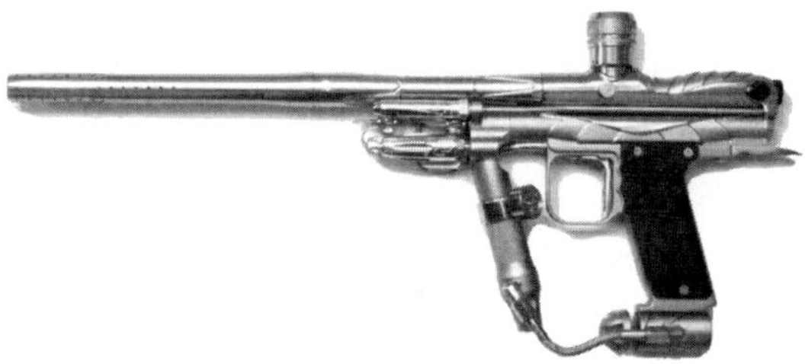

Die Halbautomatik bietet unumstritten die größte Auswahl an Modellen. Sie gehört zu den beliebtesten Markierern und wird am häufigsten eingesetzt. Der Hopper und der Gastank sind gleich dem der Pumpactionmodelle. Bei der Halbautomatik muss keine manuelle Kraft zum Nachladen der Paintballs wirken. Sie werden durch ein mechanisches System direkt in den Lauf geladen, somit braucht man nur den Abzug betätigen. Dieser automatische Ablauf ermöglicht eine von den Herstellern angegebene Schusskadenz von ca. 13–20 Schuss in der Sekunde. Dies erfordert allerdings einiges Geschick und einen elektronischen Abzug (hierzu später mehr). Die Halbautomatik bietet den wohl größten Spielspaß auf jeder Spielfläche und für sie gibt es das größte Angebot an Tuning-, Zubehör und Ersatzteilen. Aufgrund der Vielfältigkeit kann man seinen Markierer sehr persönlich gestalten. Hierbei gibt es z. B. elektronische Abzüge, die den Abzugsweg verkürzen im Gegenzug zum mechanischen Abzug. Der elektronische Abzug hat im Inneren des Griffstücks ein elektronisches System, das einem den Abzugsweg verkürzt und den mechanischen Teil abnimmt. Eine schnellere Schussfolge ist somit möglich.

d) Replikas (Nachbauten)

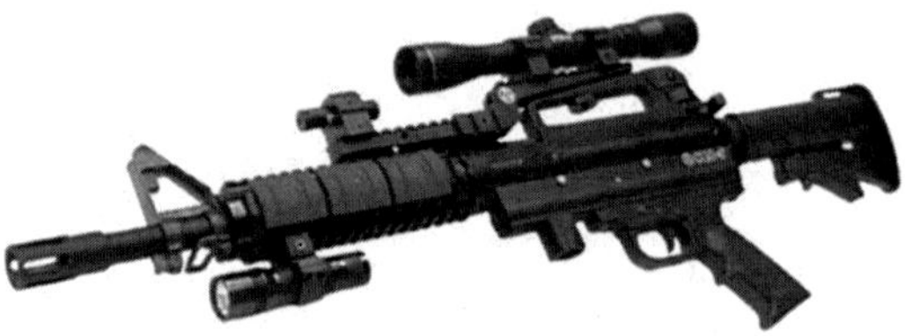

Replikas sind Nachbauten von echten Maschinengewehren und Waffen. Da diese Modelle echten Waffen optisch sehr ähnlich sehen, sind Replikas auf den meisten Spielfeldern unerwünscht und teilweise sogar verboten. Sie sind wohl ein Hauptgrund dafür, dass Paintball in Deutschland einen teilweise schlechten Ruf hat. In Amerika bekommt man für Replikas das identische Zubehör, das es auch für die echten Modelle gibt. Bei einem Nachbau eines Maschinengewehrs gibt es z. B. einen Granatwerfer, mit dem man haufenweise Paintballs gleichzeitig verschießen kann, und Laserpointer, deren Gebrauch auf Waffen in Deutschland nicht legitim ist. Da diese Waffennachbauten wohl eher für den Zweck einer realitätsnahen Nachahmung einer Kriegsszene bzw. -situation benötigt werden, sind diese Waffen für das „normale" Paintballspiel auch nicht erforderlich. Diese Modelle haben nun mal nichts mit dem Sport zu tun und werden deshalb auch innerhalb der Szene mit Widerwillen betrachtet.

3.1. Das F auf dem Markierer

Der F-Stempel wird in Deutschland auf jedem Markierer benötigt. Hinter dem Symbol verbirgt sich eine Prüfung und Zulassung beim Beschussamt bzw. bei der Physikalisch Technischen Bundesanstalt (PTB). Jeder Markierer, der in Deutschland verkauft wird, muss diesen Stempel besitzen. Sollte ein Markierer ohne diesen Stempel verkauft werden, erfüllt er nicht die in Deutschland geltenden Bestimmungen und ist nicht auf der Liste des Bundeskriminalamtes (BKA) eingetragen. Das ist häufig bei ausländischen Markierern der Fall. Im Ausland sind die meisten Markierermodelle zwar bedeutend günstiger, sind aber in Deutschland nicht zugelassen. Wird man mit einem solchen Markierer erwischt, drohen hohe Strafen.

Die zulässigen Werte für Markierer liegen in Deutschland bei:

214 ftp/s = 65,244 m/s

Das bedeutet, dass die Kugel den Lauf mit einer Höchstgeschwindigkeit von 65,244 Metern pro Sekunde verlassen darf. Das entspricht einer Kraft von 7,5 Joule.

Die Paintballmarkierer sind nur so lange frei verkäuflich, wie sich die Schusskraft unterhalb der 7,5-Joule-Grenze bewegt. Ist die Schussgeschwindigkeit höher, ist der Markierer keine frei verkäufliche Waffe mehr, sondern wird als scharfe Waffe angesehen und erfordert somit einen Waffenschein. Damit dies nicht passiert, befindet sich auf jedem Spielfeld ein so genannter Chrony (Chronometer). Mit diesem Gerät wird die Geschwindigkeit der Paintballs, die den Markierer verlassen, gemessen. Durch eine Schraube am Markierer justiert man ihn dann so lange, bis er die vom Feldbetreiber vorgegebene Geschwindigkeit erreicht hat.

Hierbei schießt man mit dem Markierer durch das Gerät und justiert anhand der Schraube am Markierer die Fluggeschwindigkeit des Paintballs.

Auf den meisten deutschen Spielfeldern gibt es gesonderte Begrenzungen. Auf Spielfeldern im Ausland gibt es oftmals andere Begrenzungen. In manchen Ländern ist eine Geschwindigkeit von 300 ftp/s = 91,463 m/s erlaubt. Die jeweilig zulässige Geschwindigkeit erfahren Sie bei Ihrem Fachhändler oder Feldbetreiber.

3.2. Um-, An- und Zubauten am Markierer

Streng genommen führt jede Veränderung eines relevanten Teils am Markierer zum Erlöschen der Zulassung. Als relevante Teile gelten ganz besonders die Feder und die Spannschraube. So genannte „Exportfedern" sind zwar im Handel erhältlich, jedoch ist der Einbau in Deutschland verboten, da man mit diesen Tuningteilen den Markierer stärker einstellen kann, als es die deutschen Gesetze erlauben. Anbauten wie Laserpointer, Nachtsichtgeräte, Taschenlampen etc. sind in Deutschland ebenfalls verboten (alle Einrichtungen, die das Ziel anstrahlen). Die einzige legitime Möglichkeit wären Zielfernrohre oder Rotpunktvisiere. Deren Gebrauch ist in Deutschland nicht verboten. Allerdings haben Zieleinrichtungen bei Paintball keinen großen Sinn, da es durch die flüssige Füllung keine absolut exakte Flugbahn geben kann.

4. Der Gesichtsschutz

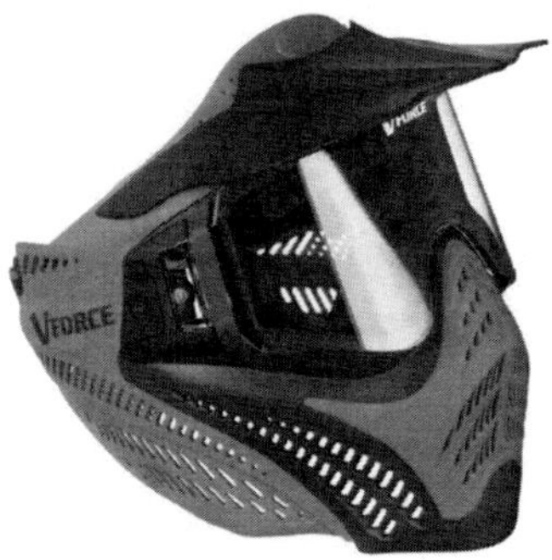

Der Gesichtsschutz ist das wichtigste Zubehör beim Paintball. Er ist absolut unverzichtbar, um Augen- und Gesichtsverletzungen zu vermeiden, und ist Pflicht für jeden, der sich in unmittelbarer Umgebung des Spielfelds befindet. Hierbei sollte man unbedingt darauf achten, dass die Maske den gesamten Kopf vollständig umschließt. Diesen Schutz kann aber nur eine extra für Paintball angefertigte und getestete Maske bieten. Früher wurde häufig mit Skibrillen oder Ähnlichem gespielt. Diese Masken halten aber im Falle eines Treffers dem Druck nicht stand und zerbrechen. Daher ist es notwendig, unbedingt eine Paintballmaske zu tragen. Sie ist so konzipiert, dass sie dem Aufprall der Kugeln standhalten und somit das Gesicht schützen. Eine solche Maske ist bei jedem Paintballhändler erhältlich. Unter der Maske befindet sich ausreichend Platz, damit auch Brillenträger den Gesichtsschutz für ungehinderten Spielspaß bequem tragen können. Durch viele Lüftungsschlitze wird die Maske jederzeit gut belüftet, um ein Beschlagen der Scheibe und übermäßiges, störendes Schwitzen zu vermeiden. Der Gesichtsschutz ist in vielen Variationen und Farben erhältlich und kann ebenfalls nachträglich mit diversem Zubehör ausgestattet werden. Um die Sicht nicht einzuschränken, sollte man darauf achten, dass das Maskenglas ein Sichtfeld von 260° aufweist. Es ist auch mit 180° erhältlich, schränkt jedoch das Sichtfeld unangenehm ein, da man herannahende Gegenspieler zu spät wahrnimmt. Als Aufrüstmöglichkeit stehen auch eine Vielzahl von eingefärbten, abgeblendeten oder Antibeschlaggläsern zum Nachrüsten zur Verfügung. Diverse andere Artikel wie z. B. ein Ventilator, der auf der Maske für bessere Belüftung sorgt, oder bunte Maskenbänder kann man ebenfalls im guten Fachhandel bekommen.

5. Die Protektoren

Es gibt eine Vielzahl an Schutzkleidung, die den Aufprall der Paintballs absorbieren und somit blaue Flecke vermeiden sollen. Hierzu zählen ebenfalls speziell für Paintball hergestellte Handschuhe, Knieschoner, Brustpanzer, Hosen, Suspensorien etc. Sie schützen nicht nur vor dem Aufprall des Paintballs, sondern verschaffen auch eine größere „Bouncingzone", wenn man sie unter der Hose oder dem Trikot trägt. Das bedeutet, die Bälle prallen ab anstatt zu zerplatzen. Auch ein spezieller Halsschoner macht Sinn, da auch die meisten Paintballmasken den Hals nicht komplett schützen können. Außerdem gibt es noch so genannte Beanies (eine Mischung aus Kopftuch und Stirnband) sowie spezielle Paintballstirnbänder, die besonderen Schutz für den freien Stirnbereich über der Maske bieten. Alternativ werden auch häufig Baseballcaps unter der Maske getragen oder auch Wollmützen.

6. Markiererzubehör

a) Der Hopper

Der Hopper wird als Munitionsbox auf den Markierer aufgesetzt. Er kann mit ca. 160–200 Paintballs befüllt werden (je nach Modell). Es gibt viele verschiedene Varianten, z. B. mit größerem Volumen oder mit elektronischem Ballnachschub. Bei den normalen Modellen fallen die Paintballs von allein in den Markierer, bei den elektronischen Hoppern werden die Kugeln in den Markierer gedrückt. Dies ist vor allem wichtig bei großer Schussanzahl, damit es nicht zu einem Leerschuss ohne Paintball im Lauf kommt.

b) Der CO_2-Tank

Der CO_2-Tank liefert den Druck, den der Markierer benötigt, um die Paintballs zu verschießen. Normalerweise liegt der Gasdruck bei ca. 60 bar. CO_2 ist Kohlendioxyd und ist das gleiche Gas, das für die Bläschen z. B. in Mineralwasser sorgt. Es ist ungiftig, sollte aber nicht eingeatmet werden, da es in hoher Konzentration erstickend wirkt. Der Vorteil von CO_2 liegt hauptsächlich im Anschaffungspreis. Es wird nur die verhältnismäßig günstige Gasflasche benötigt. Man kann das CO_2 in jedem Gasfachgeschäft bekommen.

Es gibt jedoch einen großen Nachteil von CO_2: CO_2 wird extrem kalt, wenn es aus dem flüssigen in den gasförmigen Zustand übergeht.

Das kann bewirken, dass die Gummidichtungen, die sich im Inneren des Markierers befinden, gefrieren und zerreißen. Somit gibt es einen höheren Verschleiß am Markierer.

Da es ein Flüssiggas ist, muss an dem Markierer ein Antiflüssigsystem installiert sein, das das Eintreten von flüssigem CO_2 in den Markierer verhindert. Des Weiteren ist das Gas sehr unbeständig gegen Außentemperaturen. Das bedeutet, dass es sich im Winter zusammenzieht und zu einer niedrigeren Schussfolge aufgrund des geringeren Drucks kommen kann. Im Sommer oder bei Erhitzung der Flasche kann es zu einem enormen

Druckanstieg kommen. Deshalb lassen Sie die Flasche niemals in der Nähe von starken Wärmequellen oder in direkter Sonnenstrahlung liegen.

Die Füllmenge wird hierbei in Unzen (oz) berechnet

1 oz = 28,3495 Gramm

Die wohl gängigsten Flaschengrößen in Deutschland sind:

7 oz
12 oz
18 oz
20 oz

Eine gefüllte 18-Unzen-Flasche reicht für ca. 600–800 Schüsse.
Außer CO_2 gibt es noch die HP-Variante:

c) Der HP-Tank

HP, oder auch High Pressure, wird von den meisten Profis benutzt und auch auf den meisten Spielfeldern angeboten. In den HP-Tank wird Atemluft unter hohem Druck eingefüllt. Da Atemluft selbst unter hohem Druck nicht flüssig wird, kann nichts im Markierer einfrieren und sie ist somit schonender für das Material.

HP-Systeme gibt es als **200-bar- (3 000 psi) und als 300-bar- (4 500 psi) Systeme.**

1 psi = 0,067 bar

Es gibt eine große Auswahl an HP-Flaschen aus Carbon, Alu etc. Das Wichtigste ist, dass Sie auf den zugelassenen Höchstdruck achten. Befüllen Sie niemals eine für maximal 3 000 psi zugelassene HP-Flasche mit 4 500 psi.
Das Material kann dem höheren Druck nicht standhalten, und im schlimmsten Fall explodiert die Flasche. Das ist bei einem solchen Druck nicht lustig und kann zu extremen Verletzungen führen. Sie können allerdings eine 4 500-psi-Flasche ohne Probleme mit 3 000 psi füllen.

Bei HP-Flaschen wird der Inhalt in Litern gemessen. Die hier am häufigsten gebrauchten Größen sind:

0,8 Liter
1,1 Liter
1,5 Liter

Die wohl am meisten gekaufte Größe ist eine 1,1-Liter-Flasche mit 300 bar (4 500 psi). Sie bietet einen guten Kompromiss aus Gewicht und Leistung. Man kann die Flaschen auf jedem Paintballfeld, in Taucherläden oder bei der Feuerwehr befüllen lassen. Um die Flasche von außen zu schützen, gibt es Neoprenhüllen, die man über die Flasche ziehen kann.

Ein weiterer sehr wichtiger Teil des HP-Systems ist der Regulator. Er ist notwendig, um den hohen Druck beim Eintreten in den Markierer zu regulieren, zur Verwendung von Low-Pressure-Markierern wie Autococker,

Impulse oder Shocker usw. Der Ausgangsdruck ist hiermit regulierbar und auf den für den jeweiligen Markierer empfohlenen Druck einstellbar. An den meisten Regulatoren befindet sich ein Manometer (Druckmesser), der den Ausgangsdruck anzeigt. Hiermit kann man auch ungefähr abschätzen, ob die Flasche noch voll ist oder ob man sie besser nachfüllen sollte. Dies ist notwendig, damit einem nicht mitten im Spiel der Druck ausgeht und man somit nicht weiterspielen kann.

Auf Dauer lohnt sich die Anschaffung eines HP-Systems, da es für den Markierer besser ist und auf lange Sicht hin auch günstiger ist.

Ein 1,1-Liter-/4 500-psi-HP-System reicht für ca. 1 000–1 400 Schüsse.

7. Sonstiges Zubehör

a) Füllstationen

Wenn Sie sich eine große CO_2-Flasche zulegen, wie z. B. eine 10-kg-Flasche, können Sie damit preisgünstiger Ihre kleinen Flaschen befüllen. Hierfür benötigen Sie eine Füllstation.

Diese wird für das Umfüllen von der großen Flasche auf die kleine Flasche benötigt.

Auch Füllstationen bekommt man in verschiedenen Varianten. Wichtig ist aber, dass Sie zwei Absperrhähne haben, um den überschüssigen Druck vor dem Abschrauben der kleinen Flasche abzulassen, da sonst die sich am Ventil befindliche Gummidichtung zerreißen könnte. Es ist außerdem darauf zu achten, dass die große Flasche mit einem so genannten Steigrohr ausgestattet ist. Ansonsten kann beim Umfüllen kein flüssiges CO_2 in die kleine Flasche gelangen. Dies ist aber notwendig, um sie ausreichend zu befüllen.

Die Füllmenge kann man am besten mit einer kleinen digitalen Küchenwaage bestimmen. Ferner kann man mit ihrer Hilfe feststellen, wie viel CO_2 sich noch in der Flasche befindet.
Der TÜV gibt die maximal zulässige Füllmenge für CO_2-Flaschen vor:

	Leere Flasche	**Gefüllte Flasche**
7 Unzen	**621 g**	**831 g**
12 Unzen	**720 g**	**1 070 g**
18 Unzen	**913 g**	**1 441 g**

Befüllen Sie die Flasche niemals mit mehr CO_2! Es ist sonst möglich, dass das CO_2 sich schon bei geringer Temperaturschwankung ausdehnt und somit die im Ventil befindliche Berstscheibe zerbrechen kann. Die Berstscheibe ist eine im Ventil eingebaute Sicherung, die bei zu hohem Druck zerberstet und den überschüssigen Druck ablässt. Dies ist bei maximal 190 bar der Fall. Sollte dies trotzdem mal passieren, bekommt man eine neue Berstscheibe beim Fachhändler.

Bei HP-Flaschen ist das anders. Wenn man seine HP-Flasche selbst befüllen will, kann man sich zu diesem Zweck eine Taucherflasche besorgen. Diese benötigt kein Steigrohr. Man muss allerdings zum Umfüllen unbedingt eine

HP-Füllstation benutzen. Da der Druck wesentlich höher ist als bei CO_2,, darf man auf keinen Fall eine CO_2-Füllstation benutzen.
Hierfür gibt es spezielle HP-Füllstationen:

b) Farbgranaten:
Ein auf Spielfeldern sehr ungern gesehenes Zubehör ist die Farbgranate. Diese ist mit Lebensmittelfarbe gefüllt, und wenn man sie gegen einen harten Gegenstand wirft, zerplatzt sie und verspritzt ihren Inhalt. Dieses „Accessoire" wird gern von Woodlandspielern benutzt. Allerdings sind sie, wie gesagt, auf den meisten Feldern nur ungern gesehen.

c) Podauffüller:
Als besonders einfallsreiche und hilfreiche Erfindung hat sich ein Podauffüller erwiesen. Dieses Gerät erspart einem eine Menge Zeit beim Wiederauffüllen der Pods. Früher sind beim Umfüllen oft viele Paintballs neben den Pod gefallen, das passiert hiermit nicht mehr.

Dieses Gerät ist im gut sortierten Fachhandel erhältlich und ist auf Dauer eine wirkliche Erleichterung.

8. Funktionsweise eines Markierers

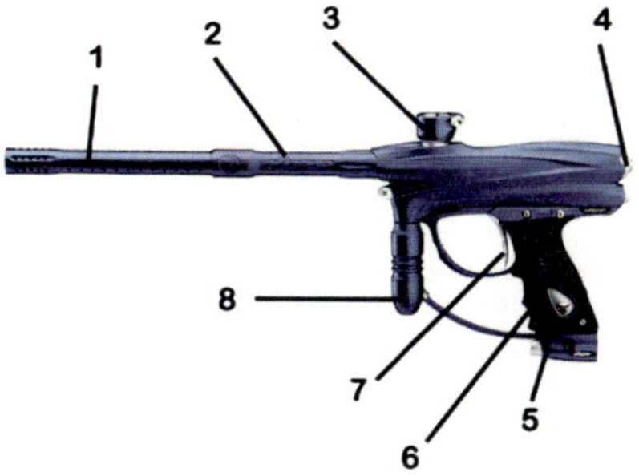

1. Laufvorderteil
Das Laufvorderteil gibt es in verschiedenen Längen. Meistens befinden sich so genannte Helixbohrungen darin, aus denen das Gas entweichen kann.

2. Das Laufrückteil
Das Laufrückteil ist in verschiedenen Durchmessern erhältlich. Die gängigste Größe ist .688. Hiermit kann man durch Austauschen der Rückteile den Lauf an den Paintball anpassen und somit die Flugbahn verbessern.

3. Der Feed
Der Feed ist das Bauteil, das den Hopper auf dem Markierer befestigt. Es gibt sie in verschiedenen Varianten. Hoch oder kurz, mit Schnellverschluss usw.

4. Der Bolzen
Der Bolzen ist das Bauteil, das den Druck auf den Paintball gibt und somit den Ball in Bewegung bringt. Er ist in neuen Modellen das einzige bewegliche Teil.

5. Das On/Off-System
Das On/Off-System ermöglicht das Ein- und Abschalten der Gaszufuhr zum Markierer.

6. Das Griffstück
Im Griffstück befindet sich bei neuen Markierermodellen die Steuerelektronik des Markierers. Durch Betätigen des Triggers wird dort der elektronische Impuls zum Auslösen des Schusses verarbeitet.

7. Der Trigger
Durch Betätigen des Triggers wird ein elektronischer Impuls zur Steuerelektronik des Markierers weitergegeben, der dann den Schuss auslöst. Bei nichtelektronischen Markierern wird durch Betätigen der Hammer im Inneren des Markierers ausgelöst, der den Bolzen mit nach vorn zieht und somit den Schuss auslöst.

8. Das Anti-Liquid-System oder auch Regulator
Hier wird dafür gesorgt, dass der Markierer möglichst immer mit konstantem Druck versorgt wird. Sollte man mit CO_2 spielen, verhindert das System, dass flüssiges CO_2 in den Markierer gelangt. Daher auch der Begriff „Anti-Liquid-System".

9. Der Spieler

1. Die Paintballmaske
   Die Paintballmaske ist das wichtigste Utensil. Sie schützt das Gesicht vor Verletzungen und ist unerlässlich!

2. Das Laufkondom
   Das Laufkondom ist ebenfalls ein Sicherheitsutensil und muss beim Verlassen des Spielfelds über den Lauf gezogen werden.

3. Das Jersey (Trikot)
   Speziell für Paintball angefertigtes Trikot mit Polsterungen.

4. Die Hose
   Speziell für Paintball angefertigte Hose mit Polsterungen.

5. Die Handschuhe
   Spezielle Paintballhandschuhe mit Verstärkungen und Polsterungen an den Knöcheln.

6. Die HP-Flasche
   Druckluftflasche gefüllt mit normaler Atemluft 200 oder 300 bar.

7. Der Hopper
   Munitionsbox gefüllt mit Paintballs.

8. Der Markierer
   Der Markierer verschießt die so genannten Paintballs mit Hilfe von Druckluft.

9. Das Battlepack
   Im Battlepack werden Pods mit zusätzlichen Paintballs transportiert. Meistens ist das Battlepack zusätzlich noch gepolstert und wird auf der Vorderseite mit einem Klettverschluss verschlossen.

10. Der Kopfschutz
    Als Kopfschutz werden sehr häufig so genannte Beanies oder auch Stirnbänder benutzt. Diese sollen ziemlich schmerzhafte Kopftreffer abdämpfen. Es eignen sich aber auch einfache Wollmützen.

11. Polsterungen (Protections)
    Viele Jerseys haben integrierte Polster, allerdings tragen die meisten Profispieler noch Knieschoner oder Ellbogenschoner unter der Kleidung.

12. Bottlecover
    Das Bottlecover ist ein Überzug für die HP-Flasche, der sie vor Kratzern und eventuellem Aufschlagen schützt.

13. Pods

Pods sind kleine, röhrenartige Gefäße, in denen man zusätzliche Paintballs transportieren kann. Es gibt sie in verschiedenen Größen und Farben.

Kapitel 2: Sicherheitsregeln im Überblick

Laut Versicherungsstatistiken aus den USA und England ist Paintball eine der derzeit sichersten Sportarten. Damit das Spiel auch ein Spiel bleibt, sind einige Regeln dringend und unumstößlich zu beachten. Manche Regeln sind eher ein Leitfaden, den man für sich individuell gestalten kann. Aber eine ist die unumgänglichste, die es gibt, sozusagen die „goldene" Paintballregel:

Nehmen Sie unter keinen Umständen während eines laufenden Spiels Ihre Schutzmaske ab. Weder um kurz ein beschlagenes Visier zu reinigen noch aus irgendeinem anderen Grund!

Bevor es losgeht, hier noch einmal alle wichtigen Regeln im Überblick:

1. Nehmen Sie also **niemals** während eines laufenden Spiels Ihre Maske ab.
   Dies kann unter Umständen zu gefährlichen Verletzungen führen.

2. Nehmen Sie den Laufstöpsel nur während des Spiels aus dem Lauf. Sobald das Spiel beendet ist, stecken Sie ihn umgehend wieder in den Lauf.
   Nur er kann einen versehentlich ausgelösten Schuss aufhalten.

3. Schießen Sie niemals außerhalb des zuvor vereinbarten Geländes, da Sie sonst unter Umständen außen stehende Personen, die ungeschützt sind, verletzen könnten.

4. Schießen Sie nicht aus nächster Nähe auf Ihren Gegner, er wird sich Ihnen in dieser Konstellation auch dankbar freiwillig „ergeben".

5. Wenn Sie getroffen wurden, verlassen Sie umgehend mit erhobenen Händen das Spielfeld. Versuchen Sie nicht, die Farbe der

Kugeln zu verwischen, da Sie sonst später als Lügner tituliert werden und Ihre Mitspieler das Interesse, mit Ihnen spielen zu wollen, schnell verlieren. Fairplay ist angesagt.

6. Wenn Sie auf einem offiziellen Spielfeld spielen, muss es dort einen Geschwindigkeitsmesser für Ihren Markierer geben, den so genannten „Chrony". Er misst die Geschwindigkeit, mit der die Paintballs den Lauf verlassen. Die Geschwindigkeit liegt bei offiziellen Spielfeldern zwischen 86 und 92 Metern pro Sekunde. Dies ist dort mit Hilfe der Feststellschraube an Ihrem Markierer zu regulieren.

Kapitel 3: Die verschiedenen Spielarten

Grundsätzlich ist zu den verschiedenen Spielarten Folgendes zwingend zu beachten:
Das Spielen ist nur auf „befriedetem Gelände mit Einverständnis des Besitzers gestattet" (siehe oben). Dies setzt eine Umzäunung des Spielfelds mit einem speziell für Paintball entwickelten Kugelfangnetz voraus. Selbstverständlich gibt es hierzu spezielle Hallen und Plätze, auf denen man sich austoben kann, was nicht bedeuten soll, dass es nicht einige Spieler gibt, die auf „inoffiziellen Spielfeldern" ihr Unwesen treiben, wie z. B. im Wald nebenan. Neben der Gefährdung unbeteiligter Personen und dem allgemeinen Imageschaden solcher Aktionen für die gesamte Szene kommen im Fall, dass Sie von der Polizei erwischt werden, eine Geldstrafe und die Sicherstellung Ihres Markierers auf Sie zu. Diese Wald- und Wiesenvariante rührt noch aus den Anfängen des Paintballs her. Allerdings gibt es mittlerweile ausreichend Spielfelder, auf denen man spielen kann, und das ganz legal.

Kommen wir nun zu den verschiedenen Spielarten. Grob gesehen gibt es lediglich zwei Oberbegriffe, die sich aber später in verschiedene Kategorien unterteilen lassen.

1. SupAir/Speedball (Das Feldspiel)

Beim Speedball stehen sich auf einem Spielfeld zwei Teams gegenüber. Auf dem Feld sind meistens mehrere aufblasbare Obstacles bzw. Barrikaden, hinter denen Sie sich vor den Kugeln Ihres Gegenübers verschanzen können. Ziel des Spiels ist es, mit dem geringsten Verlust an Teammitgliedern schnellstmöglich die sich auf der gegnerischen Seite befindliche Teamflagge zu erobern und zu seiner Base zurückzubringen. Sobald ein Spieler aus Ihrem oder dem gegnerischen Team die Flagge des jeweils anderen Teams in der Hand hält bzw. zur eigenen Base zurückbringt, ist das Spiel für Sie gewonnen und für den Gegner verloren bzw. andersherum.

Wie der Name des Spiels schon erahnen lässt, ist dies ein sehr schnelles Spiel, bei dem enorm viele Paintballs in kürzester Zeit verschossen werden. Diese Variante des Paintballs verdrängt in den meisten Ländern die im Wald gespielte Gotchavariante. Es gibt weltweit große Turniere, bei denen die Teams eine hohe Gewinnsumme im Falle eines Sieges kassieren können. In Deutschland werden gute Teams von Shops gesponsert und bekommen Rabatte auf ihre Paintballartikel.

In den USA beispielsweise gibt es Turniere wie den „World Cup", bei dem das Gewinnerteam viele tausend Dollar Gewinngeld kassieren kann. Außerdem werden diese Teams, die zu den besten der Welt zählen, komplett von namhaften Paintballartikelherstellern unterstützt. Sie bekommen alles, was den Sport angeht, gestellt und können somit nur vom Paintballspielen leben. Es wird behauptet, dass Investoren mittlerweile größeres Interesse haben, in Paintball zu investieren als in Basketball. Das lässt erkennen, wie sehr dieser Sport auch finanziell interessant ist.

Auch in Deutschland gibt es ein Ligensystem, an dem man teilnehmen kann. Auch hier warten nicht unbeachtliche Gewinnsummen, meist in Form von Paintballartikeln, auf die Sieger.

Speedball ist ein absolutes Teamspiel wie beispielsweise Fußball auch. Viele Außenstehende denken, es sei „stumpfes Rumgeballere". Doch wenn man sich das Spiel mal näher ansieht, bemerkt man, dass sich ein viel größerer Teil des Spiels um Taktik dreht als um bloßes „Rumgeschieße". Diese Spielart hat viele Regeln, an die man sich halten muss, und ein ausgeklügeltes Punktesystem. Außerdem sind während eines Spiels ständig so genannte Marshalls (Schiedsrichter) auf dem Feld anwesend, um die Fairness zu kontrollieren und darauf zu achten, dass alle Regeln von den Spielern eingehalten werden.

Es gibt verschieden große Felder, man unterscheidet hierbei in:

3 Mann
5 Mann
7 Mann
10 Mann

Dies ist abhängig von der Größe des Feldes und der Anzahl der Deckungen, die auf dem Feld stehen. Auf einem 5-Mann-Spielfeld spielen deshalb 10 Leute (5 auf jeder Seite), auf dem 3-Mann-Feld 6 Leute usw.

Es gibt strenge Reglementierungen bei diesem Spiel, da es auch viele Möglichkeiten des „Betrügens" gibt. Die wohl am meisten verbreitete Mogelmethode ist das so genannte „Wischen". Hierbei wird von einem getroffenen Spieler einfach der Farbfleck verwischt, und er spielt weiter, als wäre er nicht markiert worden. Die Paintballregeln sagen, dass bei einem solchen Verstoß ein „1 for 1" durchgeführt wird. Das bedeutet so viel wie: „Sollte der Getroffene den Fleck verwischen und dabei von einem Marshall entdeckt werden, muss er das Spiel verlassen und zusätzlich ein anderes Mitglied aus seinem Team." Hieran kann man sehen, dass es ein absolutes Teamspiel ist, bei dem sich der eine auf den anderen verlassen muss, um am Ende gewinnen zu können.

Auf eigentlich allen SupAir-Feldern in Deutschland gilt ein striktes Tarnkleidungsverbot (No Camo). Das Tragen von Tarnkleidung ist aber auch überhaupt nicht notwendig, da es eine Vielzahl von spezieller Bekleidung und Zubehör im Fachhandel zu kaufen gibt. Tarnkleidung ist in diesem Sport in Deutschland überhaupt nicht gern gesehen und wird auch nicht akzeptiert. Hierdurch soll den bereits erwähnten Vorurteilen erst gar keinen Raum geboten werden.

2. Gotcha (Das Wald- und Szenarienspiel)

Bei dieser Variante des Spiels sind Ihrer Fantasie keine Grenzen gesetzt. Es gibt eine Vielzahl von Spielfeldern mit diversen Landschaften, auf denen Sie sich ganz legal vergnügen können. Beachten Sie jedoch, dass das Spielen auf öffentlichem Gelände in Deutschland **strengstens verboten ist!** Das heißt, sollte Sie die Polizei bei einem solchen Spiel entdecken, droht Ihnen eine Strafe. Daher soll diese Einführung keine Verherrlichung von

Straftaten darstellen, sondern ist vielmehr an Besitzer großer Nutzflächen gerichtet, die ihren ungenutzten Boden als Spielfeld gestalten wollen. Außerdem gibt es im nahen Ausland viele legale Spielfelder, auf denen man sich austoben kann.

Wie zuvor erwähnt, gibt es keine reglementierte Spielabfolge. Das Spiel gestaltet sich frei nach Ihren Wünschen und hat einen hohen Spaßfaktor. Die Anzahl der Mitspieler ist absolut offen und kann sowohl im großen als auch im kleinen Team interessant sein. Es gibt hierzulande beispielsweise die so genannten „Biggames", bei denen eine unbeschränkte Anzahl von Spielern in einem großen Zeitraum von bis zu 5 Stunden gegeneinander antreten. Bei diesem Spiel treten 2 Mannschaften, die jeweils um die 500 Mann stark sind, gleichzeitig gegeneinander an. Allerdings gibt es auch in dieser Kategorie eine Art Ursprungsspiel, aus dem sich alles entwickelt hat. Hierbei nimmt jeder Mitspieler eine eigene Position ein. Eine zuvor besprochene Anzahl von Flaggen wird an unbekannten Positionen im Wald verteilt. Nach dem Startschuss begibt sich jeder Spieler auf die Suche nach den Flaggen, um sie an sich zu nehmen. Während der Suche sollte man aber nicht seine Gegenspieler außer Acht lassen, denn auch sie versuchen die Flaggen zu ergattern. Als Gewinner zählt derjenige, der entweder alle Flaggen gesammelt hat, bis zuletzt nicht markiert wurde oder nach Ende des Spiels die meisten Flaggen in seinem Besitz hat.

Die hierbei wohl am häufigsten gespielte Variante ist „Centerflag" oder „Capture the Flag".

Beim Capture-the-Flag-Spiel wird an zwei für den Gegner jeweils bekannten oder auch unbekannten Orten die Teamflagge aufgestellt, und der Gegner muss versuchen, diese Flagge in seinen Besitz zu bringen und sie zu seiner Basis zurückzubringen.

Bei der Centerflag-Variante wird eine einzelne Flagge in der Mitte des Spielfeldes postiert, und die Teams müssen versuchen, an die Flagge zu gelangen und diese in ihren Besitz zu bringen.

3. Spielerfunktionen und Positionen

Spielt man im Team, ist es sehr lohnenswert, mit verschiedenen Positionen zu spielen. Insbesondere beim Feldspiel lassen sich durch eine konsequente Anwendung die Siegeschancen ungemein steigern. Wie z. B. beim Fußball hat auch beim Paintball jeder Spieler in einem Team seine Funktion, die wiederum einer bestimmten Position zugeordnet ist. Dies wird zuvor im Team besprochen und nach den jeweiligen Stärken oder Schwächen auf die einzelnen Spieler verteilt. Hier nun die Einteilung der verschiedenen Spielerfunktionen:

Backman: Der Backman oder auch Backplayer versucht primär nach dem Breakout die Coverplayer auf ihrem Weg in die Deckungen zu decken.

Coverplayer: Die Coverplayer postieren sich rechts und links auf dem Feld und versuchen dem Frontplayer den Weg freizuhalten.

Frontplayer: Der Frontplayer ist sozusagen der „Stürmer" und muss versuchen, auf die gegnerische Seite durchzudringen, um die gegnerische Flagge für den Sieg zu bekommen.

Wird ein Spieler markiert, müssen automatisch die anderen Spieler die Position des ausgeschiedenen Mitspielers mitübernehmen.

Kapitel 4: Paintball-Ligen

Wie in jedem Sport gibt es auch beim Paintball verschiedene Ligen. Grob unterteilt gibt es in Deutschland 3 große Ligen, die auch dauerhaft existieren. Außerdem gibt es in ganz Deutschland auch verschiedene Turniere, an denen jedes Team teilnehmen kann.

Man unterteilt in 3 Ligen:

DNL = Deutsche Nachwuchsliga

DAL = Deutsche Amateurliga

DPL = Deutsche Profiliga

Für Deutschland wird die Liga in 6 Bereiche eingeteilt, die Deutschland komplett abdecken:

DNL/DAL Nord

DNL/DAL Ost

DNL/DAL Mitte

DNL/DAL West

DNL/DAL SüdWest

DNL/DAL SüdOst

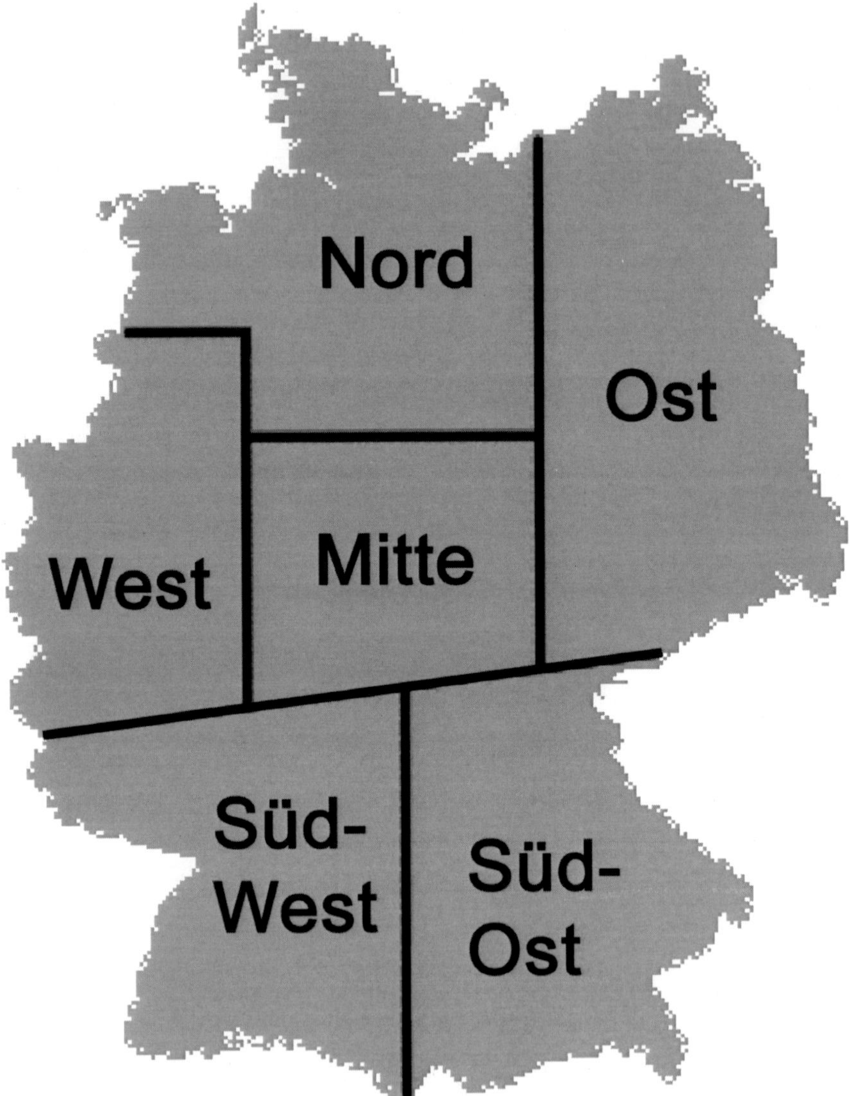
Nord
Ost
West
Mitte
Süd-
West
Süd-
Ost

1. Deutsche Nachwuchsliga

Die DNL ist die „unterste" der drei großen deutschen Ligen (Deutsche Nachwuchsliga).
Um bei ihr teilzunehmen, bedarf es keiner Qualifikation des Teams. Teilnahmebedingung ist lediglich ein Startgeld und ein passendes Team im entsprechenden Format (3 Mann, 5 Mann etc.). Diese Liga ist besonders für alle Einsteiger geeignet, die Interesse haben, mit ihrem Team einen Start in eine Liga zu wagen, um sich mit anderen Teams zu messen.

2. Deutsche Amateurliga

Die DAL (Deutsche Amateurliga) ist die Liga der Mittelklasse. Aber auch hier ist ebenfalls keine Qualifikation zur Teilnahme notwendig.
Hier spielen diejenigen Teams, die in der DNL alles erreicht haben und sich für Größeres qualifizieren wollen wie beispielsweise die Profiliga. In der DAL ist die Teilnahme für das Team etwas teurer als die Teilnahme an der DNL. Hierfür sind aber auch größere Gewinne zu erwarten für den Gesamtsieg.

3. Deutsche Profiliga

Die Deutsche Profiliga setzt im Gegensatz zu den anderen Ligen eine Qualifikation zur Teilnahme voraus. Man muss sich zuvor in der DAL qualifiziert haben, um mit seinem Team teilnehmen zu können. Hier spielt Deutschlands Paintballelite und es gibt auch größere Preise als in den anderen Ligen. Die Spieler und Teams werden ebenfalls von großen Paintballshops gesponsort. Als Gewinne gibt es Markierer oder anderes teures Paintballzubehör.

4. Weitere Ligen und Funcups

Neben den bereits seit längerem etablierten Ligen gibt es auch noch kleinere Ligen wie die X5-Series und die PSL. Sie finden aber eher in kleinerem Rahmen statt als die bereits zuvor erwähnten Ligen, und es nehmen dementsprechend auch weniger Teams daran teil.
Wenn man aber dauerhaft daran interessiert ist, an einem Ligensystem teilzunehmen, das auch langen Bestand hat und bei dem man sich bestmöglich an den meisten Teams messen kann, ist es sehr empfehlenswert, eine Liga auszuwählen, die möglichst den gesamten deutschen Raum abdeckt.

Außerdem gibt es noch kleinere Funcups, die meistens von einzelnen Hallen- oder Spielfeldbetreibern ins Leben gerufen werden. Diese finden aber eher in sehr kleinem Rahmen statt, und es nimmt auch nur eine sehr geringe Anzahl von Teams teil.

5. Homepages der Ligen

Weitere Informationen und Termine finden sich auf den offiziellen Internetseiten der angesprochenen Ligen. Die aktuellen Links können Sie auf folgender Internetseite einsehen:
http://www.paintball-buch.de/ligen

Kapitel 5: Interview Flying Colors

Wir führten ein Interview mit Jens Klappert. Er ist Teammanager und zweiter Vorsitzender eines der dienstältesten Paintballteams in Deutschland, den Flying Colors, selbst Spieler seit 1992 und heute immer noch aktiv als Backplayer. Jens Klappert ist auf dem Teamfoto vorn in der Mitte zu sehen.

Wie und wann bist du zum Paintball gekommen?
Jens Klappert: Irgendwann im Jahre 1992. Ich war damals auf dem Gymnasium, und einige meiner Kumpels liefen durch den Wald und beschossen sich mit Farbkugeln, das fand ich interessant.

Worin liegt für dich der Reiz beim Paintball?
Jens Klappert: Adrenalin, Endorphin, Teamspirit, Geschwindigkeit, Technik, Lifestyle.

Wann kam die Idee, ein Team zu gründen?
Jens Klappert: Die Idee hatten schon andere. Als ich im Jahr 1992 zu den Flying Colors gestoßen bin, gab es das Team schon. Ich bin quasi „the next generation".

Wie und wann ist euer Team entstanden?
Jens Klappert: Zuerst gab es ein paar Jungs aus dem Schützenverein, die „komische Knarren" im Kotte-&-Zeller-Katalog entdeckten. Der Rest war ein Selbstläufer. Am 08.05.1992 wurde eine Gründungsversammlung abgehalten und eine Satzung erstellt, damit war der Gotcha Club Littfeld geboren. Der Teamname Flying Colors kam erst später dazu.

In welcher Position spielst du?
Jens Klappert: Früher war ich ein Frontplayer mit Hummeln im Hintern. Heute gehöre ich zur Ü-30-Generation und spiele Back. Ab und zu muss ich schon mal die Überreste wegräumen, die meine „Teamkameraden" vergessen haben, haha!

Welchen Markierer bzw. welche Ausrüstung benutzt du?
Jens Klappert: Ich bin da nicht gebunden. Ich spiele meine Syndicate-Angel 03, Reloader B, Angel Air, und der Rest ist, bis auf die Unterhose, von JT.

Was investierst du bzw. euer Team monatlich in den Sport?
Jens Klappert: Kann man nicht so konkret sagen. Wir haben unterschiedliche Spielertypen im Team. Vom Gelegenheitspaintballer bis zum Turnierspieler ist alles dabei. Wir versuchen durch unsere Clubkasse und durch Sponsoring viele Kosten zu minimieren.

Was hat euer Team bisher erreicht?
Jens Klappert: Kurzfristig den Sieg in der Deutschen Nachwuchsliga Mitte 2005. Aber langfristig, denke ich, bin ich viel mehr stolz auf die Tatsache, dass wir seit dreizehn Jahren konstant in der Paintballszene aktiv sind. Ich

kenne kein Team, das ähnlich lange ohne Unterbrechung mit dabei ist. Vermutlich sind wir der einzige Traditionsclub des Paintball. Und wenn ich bedenke, wo viele ehemalige Spieler unseres Teams jetzt spielen, sind wir sogar so etwas wie eine Kaderschmiede.

Was erwartet ihr für euer Team in der Zukunft, und welche Ziele habt ihr euch gesetzt?
Jens Klappert: Langfristig möchten wir unser Team für die nächsten dreizehn Jahre fit machen. Kurzfristig steht die Teilnahme an einer 3-Mann-Nachwuchsliga und einer 5-Mann-Amateurliga an.

Seid ihr auf der Suche nach Spielernachwuchs?
Jens Klappert: Immer. Die Suche nach geeignetem Nachwuchs ist ein immer währender Prozess. Auch im Paintball im Allgemeinen und im Turniersport im Speziellen muss man sich gezielt frühzeitig verjüngen und neue Talente fördern.

Was würdet ihr jemandem raten, der organisiert den Paintballsport betreiben möchte? Wie knüpft man dahingehend am besten Kontakte? Gibt es Anlaufstellen?
Jens Klappert: Die wichtigste Anlaufstelle sind die beiden großen Paintballforen. Es gibt keine Frage, die unbeantwortet bleibt, und kein Einblick, der verwehrt wird. Das sind die idealen Voraussetzungen, um sich langsam einen Einblick in die Paintballszene zu verschaffen. Des Weiteren: spielen, an Turnieren teilnehmen, mit anderen Teams und Verantwortlichen das Gespräch suchen. Die Paintballcommunity ist trotz eines schleichenden Booms immer noch familiär.

Wie seht ihr die momentane rechtliche Situation in Deutschland?
Jens Klappert: Wir leben ganz „gut“ in einer Art „Schattenwirtschaft“. So wie ich das mitbekomme, sind die Repressalien des Gesetzgebers nicht mehr so allgegenwärtig wie noch Mitte der Neunziger, und viele Leute außerhalb des Paintballs werden so langsam „open minded“. Aber

Du möchtest schnell und unkompliziert zu Flirts, Sexkontakten oder einer neuen Beziehung gelangen? Alles eine Frage des richtigen Systems! Christian Breitung gibt dir Anleitungen an die Hand, mit denen du es schaffst, Frauen in Gespräche zu verwickeln. Erst unverfänglich, dann immer konkreter. Anschließend bringst du die Frau dazu, mit dir Sex zu haben, wie Du es willst. Schlafe mit Frauen von denen andere Männer nur träumen können. Jetzt bist Du am Zug!
www.system-flirt.de

ich sehe derzeit eine Stagnation, zumindest was das Thema „Paintball in der Öffentlichkeit" angeht. Unser Sport hat sich in den vergangenen Jahren stark verändert, weg vom waldspielenden „Woodlandwarrior", hin zum organisierten Turniersport. Aber die Anerkennung seitens der Öffentlichkeit wird uns per Gesetz verweigert. Zudem hat sich unsere Medienlandschaft immer noch darauf eingeschossen, Paintball vor allem im Sommer, vor allem kurz, vor allem negativ und vor allem reißerisch zu präsentieren. Und das ist natürlich in unserer medialen Gesellschaft ein „Nimbus", der geknackt werden muss.

Welchen Stellenwert hat Paintball im Vergleich Deutschland/Ausland? Wie seht ihr das?
Jens Klappert: Gut, da mag mein Blick subjektiv sein. Die Strukturen für Paintball sind im Ausland viel besser gelegt. Das liegt vor allem daran, dass der Sport dort nie dieses „Negativimage" hatte wie hier in Deutschland. Allerdings muss ich doch feststellen, dass wir trotz alledem hier eine florierende, konkurrierende und attraktive Szene haben, die den internationalen Vergleich nicht zu scheuen braucht. Im Gegenteil, wenn man sich die „Milleniumseries" so anschaut, so gehören wir doch zu den 4–5 führenden Paintballnationen. Das liegt wohl daran, dass der Deutsche auch in den jüngeren Generationen immer noch der typische „Vereinsmeier" ist, haha!

Wie stark werdet ihr bzw. der Sport davon beeinflusst?
Jens Klappert: Stark. Paintball boomt, wenn auch im Verborgenen. Das merken auch und vor allem die amerikanischen Hersteller, die derzeit sehr stark nach Deutschland schielen. Große Teams wie Syndicate, Conxion, Comin @ ya, Concilium Dei, Allstars, Instinct und viele mehr positionieren sich nicht nur national, sondern auch international und ziehen junge Nachwuchsspieler an wie auch viele Sponsoren.

Wie stellt sich die Szene in Deutschland im internationalen Vergleich dar?
Jens Klappert: Deutschland hat im Bereich Paintball eine Exotenstellung.

Aufgrund unserer Geschichte sind Spiele, bei denen auf Menschen geschossen wird, suspekt und werden kritisch beleuchtet. Grundsätzlich ist das natürlich gut so. Das hat auf jeden Fall bedeutet, dass wir eine ungeheure Energie freigesetzt haben, um Paintball in der Öffentlichkeit salonfähig zu machen. Es ist unter anderem ein deutsches Verdienst, dass Mitte der Neunzigerjahre bewusst auf Tarnkleidung verzichtet wurde und die so genannte „No-Camo"-Welle losgetreten wurde, die von hier bis Los Angeles ging. Und es ist noch heute eine unserer vordringlichsten Aufgaben, der Bevölkerung den Teamsport Paintball schmackhaft zu machen und hier zu zeigen: Paintball ist ein schneller und einzigartiger Sport, der Spaß macht und schmeckt, amen!

Ist Paintball ein reiner Männersport?
Jens Klappert: Nein, ganz und gar nicht, und national beweisen Teams wie „Syndicatz" und „Ladylike", dass auch die Girls wissen, wo der Frosch die Locken hat. Und die Damen spielen hier im Kreise der Männer, was im Klartext heißt, hier gibt es keine anderen Leistungsstandards.

Was sind deine Wünsche für die Zukunft?
Jens Klappert: Eine einheitliche Liga, die ein konstanter Gradmesser für die Teams darstellt und nach außen hin vorzeigbar ist. Und dass Paintball mal olympisch wird!

Kapitel 6: Die Spielarten im Detail

In diesem Kapitel wollen wir genauer auf die verschiedenen Spielarten eingehen. Auf den folgenden Seiten werden die Spielarten ausführlich beschrieben inklusive der dazugehörigen Taktiken und Methoden.

1. Capture the Flag (Eroberung der Flagge)

Die wohl am häufigsten gespielte Variante des Paintballspiels ist wohl das „Capture-the-Flag"-Spiel. Diese Variante wird sowohl im Speedball als auch im offenen Gelände am häufigsten verwirklicht und lässt sich um viele eigene Ideen erweitern. Ferner könnte man Capture the Flag auch als Oberbegriff für viele verschiedene Spielarten benennen, wobei eine verschieden große bzw. von Ihnen selbst gewünschte Anzahl von Flaggen in das Spiel eingebracht werden kann.

Es gibt allerdings einige Unterschiede:

<u>a) Die Speedball-Feld-Variante:</u>
Speedball wird meist auf einem geradlinigen, mit einigen Hindernissen (Deckungen) versehenen Spielfeld und mit einer beschränkten Anzahl von Teammitgliedern (maximal 3–10) gespielt. Gehen wir davon aus, dass das Spielfeld vorbereitet ist und die Teammitglieder bereitstehen. Auf jeder Seite ist die jeweils gegnerische Flagge postiert. Ihr Team steht startbereit hinter der Startlinie des Spielfelds und Ihre zuvor besprochene Taktik ist bei jedem Mitspieler bekannt. Der Startschuss ist gefallen, alle Spieler bringen sich in ihre zuvor besprochene Position und versuchen durch mehr oder weniger gezielte Schüsse, die gegnerischen Teammitglieder aus dem Spiel zu befördern und sich dabei der Flagge zu nähern. Sobald sie auf der gegnerischen Seite angekommen sind und in greifbarer Nähe zur Flagge stehen, nutzen sie ihre Chance und greifen zu. Das Spiel gilt allerdings für sie erst als gewonnen, wenn die Flagge in ihrer eigenen Base angekommen ist. Das bedeutet, sie müssen den gesamten Weg noch

einmal zurück. Achten Sie aber darauf, dass noch ein Gegner in einem Versteck auf Sie lauern könnte und nur darauf wartet, dass Sie an ihm unaufmerksam vorbeilaufen. Markiert er Sie, sind Sie aus dem Spiel und müssen die Flagge an Ort und Stelle liegen lassen. In diesem Fall könnte höchstens ein weiteres Mitglied aus Ihrem Team die Flagge auflesen und versuchen, sie in Ihr Lager zu bringen, oder Ihr Gegner bringt die Flagge zurück in das gegnerische Lager.

Das Spiel gilt als gewonnen bzw. als verloren, wenn entweder:

- alle Gegner durch Markieren aus dem Spiel sind,
- ein Teammitglied die Flagge auf die eigene Base gebracht hat,
- der Gegner vorzeitig aufgibt.

<u>b) Die Waldspielvariante</u>

Auf dem Woodland-Spielfeld steht Ihnen im Wesentlichen ein größeres Spektrum an Spielvarianten zur Verfügung. Zunächst mal kann eine nahezu unbegrenzte Anzahl an Spielern an dem Match teilnehmen. Hierbei gibt es beinahe keine denkbare Begrenzung der Mitspieler. Allerdings sollten Sie darauf achten, dass Sie nicht Ihren Gegnern direkt bei Anpfiff des Spiels auf die Füße treten. Das Terrain sollte der Anzahl an Mitspielern auch entsprechen. Ist das Spielfeld zu klein, haben Sie nicht genug Möglichkeiten, sich zu verstecken. Ist das Spielfeld zu groß, verlaufen sich die Mitspieler unter Umständen, und sie liegen in Stellung unter ihrer Deckung und nichts tut sich, wodurch das Spiel sehr langatmig und teilweise sogar langweilig werden kann. Daher sind vor Spielbeginn zwei Dinge zu beachten:

- Bei einem kleinen Spielfeld begrenzen Sie die Anzahl der Mitspieler, da sie sich sonst unter Umständen selbst im Weg stehen.

- Auf einem großen Spielfeld stecken Sie am besten vor Spielbeginn die Grenzen des Gebiets ab, um ein mögliches Umherirren oder Verlaufen zu vermeiden.

Sie können hierbei nicht nur beliebig viele Mitspieler ins Spiel einbringen, sondern auch größere und auch mehr als 2 Teams bilden. Das kann auch zu komplett neuen Spielvarianten führen. Haben Sie keine Scheu, auch eigene Ideen ins Spiel einzubinden! Nutzen Sie eventuell umherliegende Äste, Bretter oder Büsche zum Errichten eigener Deckungen bzw. zum Errichten einer Base.

Jedes Team sollte vor Spielbeginn ein Lager mit genügend Deckung errichten. Falls Sie ein Eroberungsspiel spielen, kann dies in der Endrunde von enormem Nutzen für Ihr Team sein. Sollten bereits einige Spieler aus Ihrem Team ausgeschieden sein, können Sie sich in diesem Fall zu Ihrer Base zurückziehen und dort ausreichend Deckung finden, um das Spiel eventuell sogar noch im Alleingang für sich zu bestreiten. Solch eine zuvor aufgebaute Deckung bietet Ihnen Unterschlupf und Sie können sich unentdeckt zur gegnerischen Flagge vorarbeiten. Da sich bei Capture-the-Flag-Spielen die Flagge häufig in Ihrer heimischen Base befindet, brauchen Sie nur auf den Gegner zu warten, um ihn im entscheidenden Moment zu markieren und somit aus dem Spiel zu befördern. Auch kann es äußerst nützlich sein, im Wald einen geeigneten Tarnanzug zu tragen. Da die Tarnfarben speziell auf die Umgebungsfarben des Waldes angepasst sind, wird es für Ihren Gegner bedeutend schwerer, Sie im Waldgestrüpp zu lokalisieren. Auch dies kann Ihnen einen bedeutenden Vorteil verschaffen und Sie vor dem Gegner nahezu „unsichtbar" machen. Allerdings sollte man überlegen, ob man wegen der Imageproblematik in der Öffentlichkeit nicht lieber gänzlich auf Tarnanzüge verzichten sollte.

Suchen Sie während des Spiels Deckung hinter größeren Bäumen oder Sträuchern. Diese bieten ausreichend Deckung vor umherfliegenden Paintballs. Bedenken Sie, dass im Wald enorm viele Umgebungsgeräusche auf Sie einprasseln. Dies kann im Spiel zu Verwechslungen führen, da Sie herabfallende Äste oder Laub mit sich annähernden Gegnern verwechseln könnten und somit vorzeitig zu schießen beginnen, womit Sie schnell Ihre Position vor Ihrem Gegner preisgeben.

Bei Waldspielen ist wichtig, mit Ihren Mitspielern eine oder besser mehrere Taktiken zu besprechen, auf die Sie im Notfall zurückgreifen können. Bleiben Sie nach Möglichkeit immer in Sichtkontakt zu Ihren Teamkollegen. Nur so können Sie im Falle von gegnerischem Beschuss mit Ihren Mitspielern kommunizieren und somit die weitere Vorgehensweise Ihres Teams anhand von Gesten oder zuvor besprochenen Handzeichen abstimmen.

Das Waldspiel bietet Ihnen jede Möglichkeit, um das Match zu gewinnen. Klettern Sie auf Bäume, legen Sie sich in Kuhlen oder tarnen sich mit Büschen und Gestrüpp. Alle Mittel sind erlaubt, um ans Ziel zu kommen. Seien Sie kreativ!

Einen großen Nutzen können Ihnen im Wald Funkgeräte bringen. Sie erleichtern die Kommunikation unter den einzelnen Teammitgliedern enorm und bieten weitere Möglichkeiten der Spielführung.

Auch im Wald gelten die allgemeinen Sicherheitsregeln für Paintball und sind auch hier unbedingt einzuhalten. Nehmen Sie niemals während des Spiels Ihre Maske ab, auch nicht, wenn Sie sich unbeobachtet fühlen. Ein Treffer kann starke Verletzungen zur Folge haben. Bedenken Sie stets, dass auch ein Paintball einmal sein angedachtes Ziel verfehlen kann.

Zusammenfassung Capture the Flag:

- 2 gleich große Teams
- 2 Flaggen

Sie benötigen an den entgegengesetzten Seiten jeweils eine Basis für jedes Team. Dort wird jeweils die Flagge des zugehörigen Teams aufgestellt. Eine Spieldauer von 20 bis 30 Minuten eignet sich am besten. Ziel des Spiels ist es, die Flagge der gegnerischen Mannschaft zu erobern und in die eigene Basis zu transportieren.

Regeln:
1. Die Teams beginnen jeweils das Spiel an der heimischen Basis.

2. Jeder bleibt bis zum Spielbeginn an seinem Startpunkt, erst nachdem das Spiel angepfiffen wird, dürfen die Spieler ihre Basis verlassen.

3. Ist ein Spieler getroffen, ist er aus dem Spiel und verlässt unmittelbar das Spielfeld.

4. Hat ein Spieler die Flagge erreicht, muss er sie während des gesamten Spiels sichtbar in der Hand oder am Körper tragen.

5. Wird ein Spieler mit der Flagge in der Hand getroffen, muss er sie an Ort und Stelle liegen lassen.

2. Recapture the Flag

- **2 gleich große Teams**
- **2 Flaggen**

Regeln:
Sie benötigen an den entgegengesetzten Seiten jeweils eine Basis für jedes Team. Dort wird jeweils die Flagge des gegnerischen Teams aufgestellt. Eine Spieldauer von 20 bis 30 Minuten eignet sich am besten. Ziel des Spiels ist es, die eigene Flagge aus der gegnerischen Basis zu beschaffen und in die eigene Basis zu transportieren.

Regeln:

1. Die Teams beginnen jeweils das Spiel an der heimischen Basis.

2. Jeder bleibt bis zum Spielbeginn an seinem Startpunkt, erst nachdem das Spiel angepfiffen wird, dürfen die Spieler ihre Basis verlassen.

3. Ist ein Spieler getroffen, ist er aus dem Spiel und verlässt unmittelbar das Spielfeld.

4. Hat ein Spieler die Flagge erreicht, muss er sie während des gesamten Spiels sichtbar in der Hand oder am Körper tragen.

5. Wird ein Spieler mit der Flagge in der Hand getroffen, muss er sie an Ort und Stelle liegen lassen.

3. Centerflag

- **1 Flagge**
- **Mehrere Teams (je nach Größe des Spielfelds)**

In der Mitte des Spielfelds wird eine einzige Flagge aufgestellt. Ziel ist es, die Flagge zu erobern. Die Spielzeit ist variabel, und es kann ziemlich lange dauern, bis das Ziel des Spiels erreicht ist.

1. Die Teams beginnen jeweils in ihrer Startposition (so weit wie möglich voneinander entfernt).

2. Nach dem Anpfiff dürfen die Mitspieler beginnen.

3. Ist ein Spieler getroffen, ist er aus dem Spiel und verlässt unmittelbar das Spielfeld. Und begibt sich in die Safetyzone.

4. Hat ein Spieler die Flagge erreicht, ist das Spiel beendet, und das Spiel ist für das jeweilige Team gewonnen bzw. verloren.

4. Elimination Game

- **Beliebig viele Mitspieler**
- **Spielzeit variabel**

Beim Elimination Game ist das primäre und einzige Ziel, mit seinem Team möglichst viele Spieler aus dem gegnerischen Team zu markieren und somit aus dem Spiel zu befördern.
Das Spiel ist gewonnen, sobald ein Team alle Mitspieler aus dem gegnerischen Team markiert hat und keiner der Gegner mehr auf dem Spielfeld ist.

Der Paintballshop
Mr.Paintball
www.mr-paintball.de
Gutschein für Neukunden
Jetzt die unschlagbar günstigen Preise von Mr. Paintball kennenlernen und als Dankeschön 5 € Neukundenbonus absahnen. Einfach unter www.mr-paintball.de anmelden und sparen!!!
ECLIPSE
proto
dye
POWEREX
Empowering Your Digital Life
BOOST-AIR
EMPIRE
Mail: info@mr-paintball.de
Tel.: +49 (0)234 879946-0
Internet: www.mr-paintball.de

Regeln:

1. Die Teams postieren sich auf entgegengesetzten Seiten bis zum Anpfiff.

2. Nach dem Anpfiff versucht das eine Team das andere aus dem Spiel zu befördern.

3. Getroffene Spieler verlassen das Spielfeld und begeben sich in die Safetyzone.

4. Das Spiel ist gewonnen, sobald ein Team alle Gegner markiert hat.

5. Hasenjagd

- **1 einzelner Spieler**
- **1 größeres Team von minimal 2 Spielern**

Bei der „Hasenjagd" benötigen Sie einen einzelnen Spieler, der vorläuft. Als Jäger wird ein Team von minimal 2 Spielern benötigt. Ziel des Spiels ist es, den Gejagten mit einem Paintball zu treffen. Sowohl der Jäger als auch der Gejagte ist mit einem Markierer ausgestattet. Der Gejagte bekommt einen kurzen Zeitvorsprung, um sich vor den Jägern zu verstecken. Dazu eignen sich ca. 30 Sekunden. Nach den 30 Sekunden laufen die Jäger los und versuchen den Gejagten zu erwischen. Spieldauer ca. 20–30 Minuten.

Regeln:

1. Der Gejagte hat 20–30 Sekunden Zeit, um vorzulaufen.

2. Wird der Jäger oder der Gejagte getroffen, ist er aus dem Spiel.

3. Ist nach Ablauf der Spielzeit der Gejagte nicht getroffen, hat er das Spiel gewonnen.

6. Pfadspiel

Das Pfadspiel ist eine andere Variante des „Capture-the-Flag"-Spiels. Hierbei wird zunächst ein etwas längerer Pfad benötigt, und es gibt auch nur eine Flagge.
Zu Beginn des Spiels wird in der Mitte des Pfades eine Flagge aufgestellt. Beide Teams stehen jeweils am Anfang des Pfades auf den entgegengesetzten Seiten.
Nun muss jeweils ein Team versuchen, die Flagge hinter die jeweilige Startposition des Gegners zu bringen. Die Schwierigkeit an diesem Spiel ist jedoch, dass die Flagge während des gesamten Weges den Pfad nicht

verlassen darf. Das bedeutet, solange Sie die Flagge in Ihrem Besitz haben, müssen Sie ebenfalls auf dem Pfad bleiben. Sollten Sie durch den Gegner beschossen werden und Sie sich in Deckung begeben müssen, muss die Flagge von Ihnen auf dem Pfad zurückgelassen werden, damit Sie sich in Deckung auf der Seite des Pfades begeben können. Sollten Sie die Flagge versehentlich nicht liegen gelassen haben, Sie aber den Pfad verlassen, sind Sie, auch ohne vom Gegner markiert worden zu sein, aus dem Spiel. Sorgen Sie vor dem Spiel für ausreichende Paintballs und Gas im Tank. Dies ist ein sehr schnelles Spiel, bei dem Sie eine große Menge an Paintballs benötigen werden. Legen Sie sich vorher mit Ihrem Team eine Strategie zurecht, und machen Sie sich klar, wie stark der Gegner ist. (Wie hoch ist die Reichweite der gegnerischen Markierer, spielen sie mehr im Angriff oder in der Verteidigung etc.)

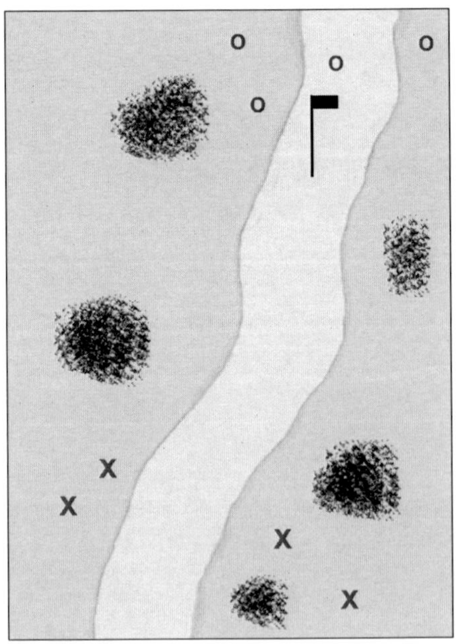

7. Get the Trophy

- **Beliebige Spielerzahl**
- **Beliebige Spielzeit**
- **1 Teamband pro Mitspieler**

Bei dieser Variante ist es das Ziel, nach einer zuvor abgesprochenen Spielzeit die meisten Teambänder in seinem Besitz zu haben. Jeder Mitspieler bekommt ein Teamband zu Beginn des Spiels. Danach verteilen sich alle Mitspieler auf dem Spielfeld. Sobald das Spiel startet, muss jeder Spieler versuchen, durch Markieren der gegnerischen Mitspieler die jeweiligen Teambänder zu bekommen. Gewinner ist am Ende, wer nicht markiert wurde und nach Ablauf der Zeit die meisten Teambänder in seinem Besitz hat.
Jeder markierte Mitspieler muss demjenigen sein Teamband übergeben, der ihn markiert hat. Hierzu ist es sehr nützlich, wenn jeder Mitspieler seine eigene Paintballfarbe hat. So lässt sich unterscheiden, wer wen getroffen hat. Der Markierte verlässt sofort das Spielfeld.

8. Conquer the Base

- **1 Basis**
- **2 gleich große Teams**

Es werden 2 gleich große Teams und eine Basis benötigt. In der Mitte der Basis befindet sich die Flagge des zugehörigen Teams. Die Basis ist durch Barrikaden nach außen geschützt. Ziel ist es, die Basis zu erobern, indem Sie möglichst viele Gegner ausschalten und die gegnerische Flagge vom Mast durch Ihre austauschen.
Spieldauer: 20 Minuten.

Regeln:

1. Die gegnerische Flagge muss durch Ihre Flagge ausgetauscht werden.

2. Ist es dem gegnerischen Team nach Ablauf der Zeit nicht gelungen, die Flagge auszuwechseln, hat die Basis gewonnen.

3. Wird die Flagge ausgetauscht, gewinnen die Angreifer.

4. Es müssen nicht alle Spieler in der Basis eliminiert werden, um die Flagge zu tauschen.

9. One Man Hunt

- 1 Spieler
- Spielzeit: 15 Minuten

In diesem Spiel gibt es nur 2 Spieler. Jeder muss versuchen, den Gegner zu markieren. Jeder Spieler hat zu Beginn des Spiels 2 Minuten Zeit sich zu verstecken. Nach der Zeit beginnt das Spiel. Ziel ist es, den Gegner zu treffen und nicht selbst getroffen zu werden.
Die Spieldauer beträgt 15 Minuten.

Regeln:

1. Jeder Spieler hat 2 Minuten Zeit, sich ein geeignetes Versteck zu suchen.

2. Nach 2 Minuten versucht jeder Spieler, den Gegner zu eliminieren.

3. Wird ein Spieler getroffen, ist er aus dem Spiel, und der Gegner gewinnt.

4. Ist nach Ablauf der Spielzeit kein Spieler getroffen, bleibt das Spiel unentschieden.

10. Das Winterspiel

Das Spielen im Schnee oder in der kalten Jahreszeit birgt einige Risiken, beinhaltet aber auch ein ganz anderes Spielgefühl. Das größte Problem, mit dem man bei Temperaturen unter 0 °C zu kämpfen hat, sind die gefrorenen und damit auch extrem harten Paintballs. Normale Paintballs haben eine Füllung auf Wasserbasis, die ab ca. 0 °C gefrieren kann. Das Problem dabei ist, dass die angefrorenen bzw. durchgefrorenen Paintballs im schlimmsten Fall nicht zerplatzen und durch die Härte sogar ein

Visier durchschlagen können. Dadurch können ernsthafte Verletzungen entstehen! Es gibt aber spezielle Paintballs, die speziell für das Spielen in kalten Gebieten entwickelt wurden und nicht so leicht gefrieren. Erkundigen Sie sich am besten bei Ihrem Paintballhändler.

Im Winter ist es natürlich kälter, wodurch der Boden härter ist. Besorgen Sie sich zu dem Zweck geeignete Schuhe, um nicht wegzurutschen. Außerdem gibt es hierbei einen weiteren Vorteil: Da es ja kälter ist, müssen Sie gezwungenermaßen etwas wärmere und dickere Kleidung unter ihrem Jersey tragen. Dies erhöht die „Bouncingzone" und dadurch platzen die Paintballs nicht so schnell wie gewöhnlich, da sie einfach abprallen, und ein abgeprallter Ball gilt nicht als Treffer. Bedenken Sie aber, dass die meisten Richtlinien für Turniere besagen, dass zum Spielen 2 Schichten an Kleidung erlaubt sind. Das heißt erlaubt sind Kniepads und Hose oder Jersey und darunter ein Pullover. Kniepads, Hose und Paintballhose oder Ellbogenpads, Pullover und Jersey wären nicht erlaubt. Allerdings kann man diese Details außerhalb der offiziellen Turniere selbst mit seinen Mitspielern festlegen. Sinn und Zweck dieser Regularien ist die Gewährleistung der Chancengleichheit für alle Mitspieler bei einem Spiel.

Sollten Sie im Winter mit CO_2 spielen, werden Sie feststellen, dass die Flasche sowie der Markierer schnell einfrieren können. Das ist ein großes Problem, das CO_2 verursacht. Leider kann man das auch nicht vermeiden. Außerdem zieht sich CO_2 bei Kälte zusammen und der Druck verringert sich, was dazu führt, dass die Paintballs nicht mehr die optimale Reichweite erreichen und ebenfalls größere Schwankungen bei der Austrittsgeschwindigkeit haben. CO_2 ist leider ein sehr unstabiles Gas und nicht mehr zeitgemäß. Gerade im Winter erkennt man schnell die Vorteile von HP.

11. Das Nachtspiel

„Nachts sind alle Katzen grau"

Das Nachtspiel beinhaltet den höchsten Schwierigkeitsfaktor. Es ist allerdings so gut wie unmöglich, bei vollkommener Dunkelheit zu spielen. Sie sollten immer kleine Lichtquellen in Form von Taschenlampen oder anderem auf Ihrem Spielfeld verteilen. Sehr gut für diesen Zweck sind auch Knicklichter oder Signalfackeln geeignet. Sie selbst sollten es aber vermeiden, eine helle Lichtquelle an sich zu tragen, da Sie sonst zu schnell von Ihrem Gegner gesichtet werden können. Hier bieten Taschenlampen mit grünen oder roten Farbaufsätzen die einzige Möglichkeit, Licht für sich zu nutzen, ohne den Gegner direkt auf sich aufmerksam zu machen. Dies bietet zwar keinen absoluten Schutz, aber vervielfacht Ihre Chancen ungemein. Ein besonderes Highlight bieten hier auch Paintballs, die, wenn sie zuvor von einer Lichtquelle aufgeladen wurden, im Dunkeln leuchten. Hierfür gibt es sogar spezielle Hopper, die im Inneren eine eingebaute UV-Lampe haben, die die Paintballs ständig auflädt, damit sie auch optimal leuchten, sobald sie den Lauf verlassen. So können Sie Ihre Schussbahn verfolgen und den Aufprall beobachten. Sollte der Paintball an einem Hindernis zerplatzt sein, leuchtet die aus dem Paintball herausgetretene Farbe noch einige Minuten nach dem Aufprall. So ist es auch möglich, einen markierten Mitspieler zu erkennen. Bei herkömmlichen Paintballs ist es sehr schwierig, den Paintball auf das richtige Ziel zu befördern, da man der Flugbahn im Dunkeln so gut wie nicht folgen kann.

Manche Spieler sind sogar mit Restlichtverstärkern ausgerüstet, die auch bei extremer Dunkelheit eine akzeptable Sicht ermöglichen. So kann man gegenüber dem anderen Team einen riesigen Vorsprung für sich und seine Mannschaft nutzen. Für das Nachtspiel eignet sich am besten das Capture-the-Flag-Spiel. Die Flaggen werden mit einer hellen Lichtquelle sichtbar gemacht, hierfür eignen sich Fackeln sehr gut. In einzelnen Abständen stellen Sie weitere nicht ganz so helle Lichtquellen auf, die das Spielfeld markieren. Alle weiteren Regeln sind wie bei der normalen „Capture-the-Flag"-Variante. Allerdings können die Regeln auch hier nach Belieben der Umgebung und den Mitspielern angepasst werden.

Kapitel 7: Das erste Spiel

Vorab müssen Sie mit allen Mitspielern die Anzahl und Aufstellung der Teams absprechen. Danach müssen Sie sich noch über die Anzahl der Flaggen und deren Standorte einigen.

Sollten Sie mit 2 Teams spielen, stellen Sie die Flaggen entweder im jeweiligen Lager auf oder an bestimmten Punkten im Wald. Um mehr Spannung ins Spiel zu bringen, stellt jedes Team seine Flagge an einem für den Gegner unbekannten Ort auf.

Es bleibt Ihnen noch die Möglichkeit, ohne Gründung eines Teams zu spielen. Dies würde dann bedeuten, dass sich jeder gegen jeden behaupten muss. Dies kann sehr interessant sein. Nehmen Sie aber genügend Paintballs mit ins Spiel, da Ihnen dabei schnell die Munition ausgehen könnte und Sie somit aus dem Spiel austreten müssen.

Sie haben unter Ihren Teammitgliedern Ihre Taktik besprochen, Ihre Positionen eingeteilt, die Flaggen verteilt und Ihre Base eingerichtet. Seien Sie aufmerksam und konzentriert, der Gegner könnte hinter jedem Baum oder Busch auf Sie lauern. Bedenken Sie nun auch, dass Sie jederzeit das Spielfeld hinter sich beachten, der Gegner könnte auch versuchen, sich von hinten anzuschleichen. Ihre Flagge sollte auch jederzeit von mindestens einem Spieler im Auge behalten werden. Denn ist Ihre Flagge allein, kann der Gegner sie leicht in seine Base bringen, und Sie verlieren das Spiel schneller, als Ihnen lieb ist, trotz jeder noch so guten und gelungenen Taktik. Gehen Sie nun sicher, dass Ihr Hopper mit ausreichend Paintballs gefüllt, die Gasflasche aufgedreht und der Markierer entsichert ist.

Das Spiel wird angepfiffen. Seien Sie nun auf der Hut! Suchen Sie Deckung hinter möglichst dicken Bäumen, Sträuchern oder zuvor errichteten Barrikaden. Gehen Sie taktisch vor und machen keinen Schritt unüberlegt. Wenn Sie sich entschlossen haben, auf den Gegner zuzugehen und das Spiel durch Offensiv für sich zu gewinnen, bewegen Sie sich am besten in einem Team von mindestens 3 Leuten. Hierbei ist ein Spieler für Ihre vordere und ein Spieler für Ihre hintere Deckung zuständig, während Sie sich vorwärts bewegen.

Der erste Gegner ist entdeckt, was nun?

1. Bleiben Sie möglichst bewegungslos in Ihrer Deckung. Nur wenn Sie möglichst bewegungslos verharren, ist es sehr wahrscheinlich, dass Ihr Gegner Sie nicht entdeckt.

2. Gehen Sie sicher, dass Ihre Mitspieler den Gegner ebenfalls lokalisiert haben. Falls nicht, geben Sie Ihrem Team durch Handzeichen Aufschluss über die nächsten Schritte.

3. Bereiten Sie sich und Ihre Mitspieler auf den nächsten Spielzug vor. Koordinieren Sie mit Ihrem Team den nächsten Spielzug und befüllen Sie Ihren Hopper mit Paintballs.

4. Wenn alle Mitspieler bereit sind, versuchen Sie durch geschicktes Markieren Ihren Gegner aus dem Spiel ausscheiden zu lassen.

5. Bleiben Sie auf der Hut vor möglichen unentdeckten Gegnern. Der Gegner kann sich überall verstecken. Bemerken Sie ihn nicht erst, wenn es zu spät ist. Dass Sie den Gegner im Moment noch nicht sehen, bedeutet ja nicht, dass er generell nicht da ist.

Vorgehensweise im Falle eines Treffers

Der Markierte muss nun folgende Vorgehensweise einhalten und ausführen: Zuerst kontrolliert der Getroffene die Art und Größe des Treffers.

Meist gilt jeder Fleck als Treffer, der ungefähr die Größe eines Eurogeldstücks hat. Treffer, die nur kleinere Spritzer hinterlassen haben, zählen hier nicht als Treffer und führen damit auch nicht zum Ausscheiden aus dem Spiel. In diesem Fall können Sie weiterspielen.

Im Falle eines Treffers gibt der Spieler durch ein verbales Signal (z. B. „Raus", „Treffer" oder „Hit") sein Ausscheiden bekannt. Diese Ausrufe sind unverwechselbar und können nur schwer missverstanden werden. Aber seien Sie vorsichtig mit voreiligen Schlüssen. Sollten Sie markiert worden sein und sollte es sich dabei nur um einen Farbspritzer handeln, haben Sie aber voreilig den Treffer bekannt gegeben, sind Sie trotzdem aus dem Spiel.

Wenn Sie hören, dass Sie Ihren Gegner markiert haben, stellen Sie unverzüglich das Schießen ein!

Danach steckt der Getroffene zuerst den Mündungsstöpsel in den Lauf seines Markierers und begibt sich unverzüglich mit einer Hand auf dem Kopf aus dem Spiel und entfernt sich sofort vom Spielfeld. Hiermit symbolisiert er seinen Treffer gegenüber den anderen Mitspielern. Auch hier behält er währenddessen seinen Gesichtsschutz auf, damit er nicht von verirrten Paintballs getroffen werden kann.

Nun findet Ihr Team wieder zueinander und setzt die Suche nach der Flagge fort. Sie befolgen nun die gleichen Schritte wie zuvor, um Ihr Team immer näher an das gegnerische Ziel heranzubringen.

Jetzt passiert genau das, womit niemand gerechnet hat. In unmittelbarer Nähe Ihres zuvor ausgeschiedenen Gegners haben sich zwei weitere Gegner versteckt. Jedes Mitglied aus Ihrem Team bringt sich zunächst schnellstmöglich in eine Deckung und versucht von dort aus, den Gegner zu markieren. In dieser Situation kann es unter Umständen passieren, dass ein Teamkollege ausscheidet. Lassen Sie sich in diesem Fall aber nicht davon ablenken und setzen das Spiel fort. Gehen Sie sicher, dass Sie das mögliche Ausscheiden eines Teammitglieds in Ihre zuvor mit allen Teamkollegen besprochene Taktik einbezogen haben. Im Falle eines verkleinerten Teams lassen sich eventuell nicht mehr alle Taktiken durchführen. Somit ist es wichtig, hier Alternativen zu schaffen, auf die Sie in einem solchen Fall zurückgreifen können.

Ihr Team hat sich nun durch Ausscheiden eines Mitspielers von 3 auf nur noch 2 Mitglieder verkleinert. Sie haben die beiden Gegner, die Sie und Ihren Teampartner beschossen haben, markiert und haben somit ein freies Spielfeld. Nun setzen Sie die Suche nach der Flagge zu zweit fort. Beachten Sie, dass Ihnen jetzt eine Person, die für Ihre Deckung verantwortlich war, fehlt. Das bedeutet für Sie, dass Ihnen nur eine geringere Deckung von Ihrem Team zur Verfügung steht. Sie und Ihr Mitspieler müssen nun das verlorene Teammitglied ersetzen und somit versuchen, sich sicher voranzubewegen. In dieser Situation empfiehlt es sich, dass jeder Mitspieler seine und die Deckung der anderen Person übernimmt. Es ist sinnvoll, dass der Gegner für Ihre „Sicherheit" sorgt, während Sie Ihren Weg nach vorn bestreiten. Genau das gilt auch für Sie. Allerdings muss diejenige Person, die sich voranbewegt, ebenfalls für die eigene Absicherung sorgen.

Nun haben Sie die Base des Gegners erreicht. Die Flagge ist in greifbarer Nähe und die Luft scheint rein zu sein. Doch Vorsicht! In dieser annähernd wichtigsten Phase des Spiels ist höchste Aufmerksamkeit geboten, wenn Sie nicht, bevor Sie die Flagge erreicht haben, aus dem Spiel ausscheiden wollen. Die meisten gegnerischen Teams haben in ihren Taktiken diese Situation berücksichtigt und unter Umständen Ihr Eintreffen bereits bemerkt. Machen Sie sich nun bewusst, welche Möglichkeiten Sie haben und wie Sie im nächsten Schritt vorgehen wollen. Haken Sie die folgenden Punkte der Reihe nach ab:

1. Hat der Gegner Ihre Anwesenheit bereits bemerkt?

2. Welche Möglichkeiten der Deckung, z. B. Bäume, Barrikaden oder Sträucher, stehen Ihnen im Falle des feindlichen Beschusses zur Verfügung?

3. Können Sie vielleicht einen in der Nähe der Flagge versteckten Gegner ausfindig machen? Falls ja, wie viele? Wo befinden Sie sich?

4. Über welchen Weg gelangen Sie am sichersten in das Lager und somit an die Flagge?

5. Sind Sie und Ihr Teampartner bereit für den Angriff, sind also genügend Paintballs im Magazin?

Wenn all diese Fragen bearbeitet sind, sollten Sie Ihren Angriff ausführen. Gehen Sie aber weiterhin behutsam vor und seien Sie auf alles vorbereitet. Sie müssen stets damit rechnen, jeden Moment aus jeder Richtung markiert zu werden. In diesem Fall müssen Sie für sich schnellstmöglich eine passende Deckung aufsuchen. Haben Sie diese für sich bereits vor dem Angriff in Erwägung gezogen, kann Ihnen das unter Umständen bei einem Schusswechsel wertvolle Zeit ersparen.

Wenn Sie Ihren Gegner bereits vor dem Angriff ausgemacht haben, erleichtert Ihnen das den sicheren Angriff. Auch wenn Sie den Gegner nicht vorher ausschalten konnten, haben Sie nun wichtige Hinweise für Ihre Strategie und den Angriffsweg. Beides sollten Sie unter Einbezug der jeweiligen Situation anpassen. Da es keinen Sinn machen würde, in freier Schussbahn des Gegners auf das Lager zuzulaufen, planen Sie einen für Sie vorteilhaften Angriffsweg. Haben Sie all das mit Ihrem Teampartner geklärt, kontrollieren Sie vor dem Angriff dringend Ihren Paintballvorrat im Magazin. Denn nichts ist ärgerlicher als mitten im Gefecht ausgehende Paintballs. Dies minimiert Ihre Chancen trotz einer guten Taktik ungemein.

Da Sie zuvor keinen Gegner ausfindig machen konnten, müssen Sie sich nun auf alles gefasst machen. Sie starten Ihren Angriff auf das gegnerische Lager. Seien Sie aber nicht leichtsinnig. Dass Sie keinen Gegner sehen konnten, bedeutet wie gesagt nicht, dass auch keiner dort ist. Sie bewegen sich unter ständiger Deckung Ihres Teammitglieds vorsichtig auf Ihr Ziel zu. Sie versuchen sich dabei ständig von Deckung zu Deckung voranzuarbeiten. Nur so können Sie im Falle des Beschusses schnellstmöglich für Ihre Deckung sorgen. Nachdem Sie Ihre Deckung verlassen haben, ist es für den Gegner ein Leichtes, Sie ausfindig zu machen.

Genau das ist passiert, Sie haben gerade Ihre Deckung verlassen und ein verschanzter Gegner hat das Feuer auf Sie eröffnet. Genau in diesem Moment sollte Ihr Teampartner ebenfalls das Deckungsfeuer auf den Gegner eröffnen. So verschafft er Ihnen im besten Fall genügend Zeit, sich in Deckung zu begeben. Nachdem Sie einen sicheren Unterschlupf gefunden haben, helfen Sie Ihrem Partner, der sich noch im andauernden Gefecht befindet. Da Sie sich nicht direkt auf die Flagge zubewegen können, bleibt Ihnen in dieser Situation nur die direkte Offensive. Lassen Sie Ihren Gegner also nun die geballte Kraft Ihrer Paintballs fühlen. Behalten Sie ihn während des Gefechts stetig im Auge, damit er sich nicht aus dem Staub machen kann.

Rechnen Sie aber in der gesamten Zeit damit, dass durch die Schüsse in unmittelbarer Nähe des gegnerischen Lagers weitere Gegner zur Verteidigung der Flagge herbeieilen könnten. Wenn Sie sich nur auf den einen Gegner fixieren, ist die Wahrscheinlichkeit groß, dass sich Gegner ihrerseits unbemerkt an Sie heranschleichen könnten. Somit wären Sie für den Gegner eine leichte Beute. Und wer möchte schon mit dem Ziel vor Augen aus dem Spiel ausscheiden?

Sie haben nun den Gegner durch stetigen Beschuss eliminiert. Nun ist die Flagge zum Greifen nah. Ihr Partner erhält für Sie die Deckung aufrecht, während Sie näher und näher an die Flagge herantreten.

Geschafft, die gegnerische Flagge ist nun in Ihrem Besitz! Jetzt heißt es für Sie:
Deckung bewahren und schnellstmöglich den sichersten Weg zurück in das heimische Lager finden.

Sie sichern den Weg nach vorn, während Ihr Partner die Umgebung absichert. Wählen Sie aber nicht den direkten Weg zurück. Bedenken Sie, dass Ihr Gegner noch auf Sie lauert. Wählen Sie idealerweise den indirekten Weg. Hier rechnet der Gegner wahrscheinlich nicht mit Ihnen und hat auch kein Auge auf dieses Gebiet. Bemühen Sie sich, möglichst keine lauten Geräusche wie z. B. versehentlich abgefeuerte Paintballs, laut abknickende Äste oder lautes Herumstampfen im Laub von sich zu geben. Dies lässt sich zwar nicht ganz vermeiden, aber auf einem geringen Lautstärkepegel halten. Nur so können Sie Ihren Weg vor Ihrem Gegner verbergen und somit für ihn „unsichtbar“ werden.

Sollten Sie den Weg ohne Zwischenfälle überwunden haben, wartet jetzt der wohl schwierigste Teil auf Sie. Die gegnerische Flagge muss an Ihrem Flaggenmast zu liegen kommen. Der Gegner hat wahrscheinlich das Verschwinden der eigenen Flagge bemerkt und will sie zurückerobern. Da er weiß, dass die Flagge in Ihr Lager muss, wird er dort auf Sie warten. Im für Sie schlechtesten Fall sind alle Gegner um Ihr Lager herum versammelt, gut getarnt und versteckt. Ihr Gegner wird alles daransetzen, Sie aus dem Spiel zu befördern.

Machen Sie sich vorab Gedanken über eine ideale Taktik. Sie sollten bedenken, auch wenn Ihr Partner aus dem Spiel ausscheidet, Sie aber die Flagge in Ihr Lager befördern können, ist das Spiel für Sie gewonnen. Schließen Sie diesen Gedanken in Ihre Überlegungen zu Ihrer Taktik mit ein. Da der Gegner deutlich in der Überzahl ist, sind Ihre Chancen verschwindend gering, alle Gegner zu eliminieren. In diesem Fall hilft keine Muskelkraft, sondern Ihr Köpfchen. Versuchen Sie den Gegner zu verwirren. Lassen Sie ihn glauben, dass Ihr Partner die Flagge mit sich trägt und ihn als eine Art „Markiererfutter" die Blicke und die Aufmerksamkeit von Ihnen ablenken. Während er sich offensiv durch die Schusslinie des Gegners immer weiter an das Lager herankämpft, halten Sie sich gedeckt im Hintergrund und versuchen unbemerkt hinter dem offenen Gefecht in Ihr Lager zu gelangen. Es wird Ihnen wahrscheinlich nicht lange gelingen, unbemerkt zu bleiben, aber während Ihr Partner für Verwirrung sorgt, haben Sie wertvolle Zeit, die Sie näher an das Ziel bringt.

Es ist passiert, Ihr Partner wurde von Ihren Gegnern markiert. Das ist die wohl schwierigste Spielphase für Sie. Ab jetzt sind Sie ganz auf sich allein gestellt. Es wird jetzt von allen Seiten auf Sie geschossen und Sie befinden sich nur wenige Meter von Ihrem Lager entfernt. Nun zählt jede Sekunde. Während Sie in Deckung liegen, können sich die Gegner blitzschnell auf Sie zubewegen. Halten Sie sich geduckt und erwidern Sie das Feuer auf den Gegner. Jetzt müssen Sie auf eine Portion Glück hoffen und auf das Ziel zueilen. Leider gibt es in dieser Situation keine Weisheiten, die Sie vor den gegnerischen Kugeln schützen könnten. Daher geben Sie einfach Ihr Bestes und laufen mit dem Ziel vor Augen los.

Wie durch ein Wunder sind Sie nicht getroffen worden und haben die gegnerische Flagge sicher in Ihr Lager transportiert. Herzlichen Glückwunsch! Diese Runde geht an Sie und Ihr Team!

Kapitel 8: Strategien & Tipps

1. Strategien und Taktiken

Strategien und Taktiken spielen wie in jedem Spiel auch bei Paintball eine entscheidende Rolle, wenn es darum geht, ein Spiel für sich zu entscheiden. Es gibt keine grundlegende Strategie, die den Sieg garantiert, jedoch einige hilfreiche Tipps und Taktiken, die eventuell den entscheidenden Vorteil erbringen können.

Um eine genaue Taktik festlegen zu können, sollten Sie vorab einiges über Ihren Gegner in Erfahrung bringen. Dies ist zwar nicht immer möglich, jedoch extrem hilfreich. Falls Sie die Chance haben, Ihren Gegner vorab zu begutachten, sollten Sie auf folgende Dinge achten:

1. Wie stark ist das Team? Spielt jeder für sich oder alle gemeinsam?

2. Welche Markierer benutzt Ihr Gegner?

3. Spielt er defensiv oder offensiv?

4. Gibt es Schwachstellen in seiner Taktik?

Begehen Sie vor Spielbeginn das Spielfeld und prägen Sie sich alle Details des Spielfelds ein, sowohl auf Ihrer Seite wie auch auf der des Gegners. Dies ist wichtig für den Fall, dass Sie auf die gegnerische Seite durchdringen und sich dort behaupten müssen.

Sprechen Sie eine Strategie mit Ihrem Team vor Spielbeginn ab. Jeder sollte seine Funktion im Team kennen und diese Funktion auch einhalten.

2. Kommunikation

Einen entscheidenden Vorteil während eines Spiels sichern Sie sich durch die richtige Kommunikation. Sollte Ihre zuvor geplante Strategie in einer bestimmten Situation nicht funktionieren, sollten Sie flexibel darauf reagieren können.

Die wichtigste Regel von allen ist, dass das gesamte Team sich blind versteht und sich einer auf den anderen verlassen kann. Sie sollten deshalb mit Ihrem Team eine eigene Kommunikation einüben, die der Gegner nicht direkt verstehen kann. Am besten lassen Sie sich eigene Begriffe für einzelne Situationen einfallen. Ohne eine vernünftige Kommunikation ist es wesentlich schwerer, ein Spiel zu gewinnen. Wenn Sie sich in Ihrem Team untereinander verständigen, ist es bedeutend schwerer für den Gegner, zu Ihnen durchzudringen.

Vielleicht müssen Sie einen Ihrer Teamkameraden aber auch auf vorauslaufende Gegner aufmerksam machen. In einer solchen Situation wäre es natürlich sehr unangebracht, Ihr Team durch laute Ausrufe darüber zu informieren. Deshalb sollten Sie eine Art „Geheimsprache" mit Ihrem Team einstudieren. So ist es für den Gegner nicht gleich ersichtlich, welchen Schritt Sie als Nächstes machen. Damit haben Sie schon mal den Überraschungseffekt auf Ihrer Seite und haben somit einen entscheidenden Vorteil.

Als sehr effektiv hat es sich bisher erwiesen, wenn die Backplayer die Coverplayer auf dem Laufenden halten. Somit haben die Frontplayer gute Chancen, zur anderen Seite vorzudringen, ohne markiert zu werden. Seien Sie sich aber bewusst, dass es keine „Patentlösung" für eine Strategie gibt. Wichtig ist aber, dass die Kommunikation zwischen allen Ihren Teammitgliedern einwandfrei funktionieren sollte. Je besser man sich untereinander verständigen kann, desto besser lassen sich während eines Spiels komplexe Spielabläufe variieren. Und Sie können auf jede Bewegung Ihres Gegners reagieren.

3. Spielfeldbau

Wenn Sie ein Team haben, möchten Sie vielleicht früher oder später auch ein eigenes Spielfeld aufbauen. Hierzu gibt es aber gerade innerhalb Deutschlands einige wichtige Dinge zu beachten, um sich rechtlich abzusichern und auch für längere Zeit Spaß an ihrem Spielfeld zu haben. Deshalb sei an dieser Stelle noch einmal ausdrücklich auf die bereits weiter oben gemachten Ausführungen im Unterkapitel „Rechtliche Problematik, speziell in Deutschland" verwiesen.

Prinzipiell kann ein Spielfeld privat, kommerziell oder als Verein betrieben werden. Der Unterschied, ob man ein Feld kommerziell oder privat betreibt, liegt eigentlich nur in der Tatsache, ob man mit dem Feld Geld verdienen möchte oder nicht. Ein Verein hingegen ist ein auf Dauer angelegter, körperschaftlich organisierter Zusammenschluss von Personen zu einem gemeinsamen Zweck. Da hier in der Regel der Vereinszweck nicht auf einen wirtschaftlichen Geschäftsbetrieb gerichtet ist, kommt hier nur die Gründung eines nichtwirtschaftlichen Vereins gemäß § 21 BGB (Idealverein) in Betracht. Die Vereinsgründung selbst ist nicht schwierig. Die Voraussetzungen finden sich im BGB ab dem Paragrafen 55 (z. B. Mindestmitgliederzahl oder Anforderungen an die Vereinssatzung). Interessant für einen Verein ist vor allem die Anerkennung als steuerbegünstigte Körperschaft wegen Förderung des Sports im Sinne von § 52, Abs. 2, Nr. 2 AO, also der Gemeinnützigkeit. Durch den Status der Gemeinnützigkeit kommt der Verein in den Genuss steuerrechtlicher Privilegien. Hervorzuheben sind hierbei die Freistellung von der Körperschaftssteuer sowie die steuerrechtliche Abzugsfähigkeit von Spenden an gemeinnützige Körperschaften. Die Feststellung der Gemeinnützigkeit erfolgt durch das zuständige Finanzamt. Wird die Gemeinnützigkeit anerkannt, so ergeht ein Freistellungsbescheid gemäß § 155 I 3 AO. Leider ist es auch hier wieder (diesmal steuerrechtlich) umstritten, ob es bei der Zweckverfolgung des Paintballspiels bereits an der Förderung der Allgemeinheit mangelt. Hierbei geht es um die Frage, ob der sportliche Wettkampf im Vordergrund steht oder das Nachstellen militärischer Situationen einschließlich der Tötung von Menschen.

Weitere Einzelheiten zum Vereinsrecht würden den Rahmen dieses Buches sprengen. Wenn Sie sich mit den näheren Details zum Thema Vereinsgründung beschäftigen möchten, finden Sie auf folgender Internetseite einen empfehlenswerten Buchtipp:

http://www.paintball-buch.de/vereinsgruendung

Ein Spielfeld kostet eine Menge Mühe, Zeit und ebenso auch Geld. In der Vergangenheit sind viele Spielfelder aus dem Boden geschossen und genauso schnell wieder von der Bildfläche verschwunden. Dies liegt nicht an Kundenmangel, sondern meistens an fehlenden Genehmigungen. Wie schon besprochen gibt es kein Gesetz, welches das Eröffnen und Betreiben eines Spielfeldes verbietet, jedoch sind die Meinungen einzelner Personen in den entsprechenden Behörden (und der Gerichte, die im Streitfall diese Entscheidungen überprüfen) oft das, woran alles scheitert. So bleibt Ihnen, bevor Sie mit den Planungen beginnen, keine andere Wahl, als ein Gespräch mit dem ansässigen Ordnungsamt zu führen.

Klären Sie ab, ob es Ihnen generell gestattet wird, ein Feld zu eröffnen, sprechen Sie alle damit verbundenen (bürokratischen) Auflagen genauestens ab und lassen sich dies schriftlich bestätigen. Um im Voraus allem Ärger zu entgehen, sollten Sie diesen Schritt unbedingt machen. Sollte Ihnen das zuständige Ordnungsamt den Spielfeldbau nicht gestatten, Sie es aber unbedingt wollen, sollten Sie sich rechtlichen Beistand suchen. Aber seien Sie sich bewusst, dass auch eine eventuelle Gerichtsverhandlung für Sie negativ ausgehen kann. Die Erfahrung hat gezeigt, dass unterschiedliche Gerichte auch unterschiedlich entscheiden.

Sollten Sie aber eine Erlaubnis Ihres Ordnungsamts bekommen, sollten Sie unbedingt folgende Schritte beachten:

1. Sie benötigen unbedingt das Hausrecht für das Grundstück, das Sie für den Spielfeldbau benutzen wollen. Allerdings reicht für diesen Zweck auch die Erlaubnis des Eigentümers. Halten Sie aber alle damit verbundenen Abmachungen schriftlich fest, damit es nicht im Nachhinein zu Streitigkeiten kommt. Versuchen Sie aber solche Probleme von vornherein zu vermeiden.

2. Das Grundstück, das Sie auswählen, muss befriedet sein und für Außenstehende nicht begehbar. Konkret bedeutet das: Ein Flatterband, das Ihr Spielfeld umzäunt, reicht <u>nicht</u> aus. Eine Befriedung setzt einen festen Zaun voraus, der das jeweilige Gelände umzäunt und Dritten keinen Zutritt ermöglicht.
3. Das Gelände muss mit einem mindestens 3 Meter hohen Paintballfangzaun umgeben sein. Dieser verhindert ein unbeabsichtigtes

Verlassen eines Paintballs vom Spielfeld. Allerdings kann ein höheres Netz auch nicht schaden. Diese speziellen Fangnetze kann man im Paintballfachhandel bekommen.

4. Paintball macht Lärm, durch den sich Dritte gestört fühlen könnten. Wählen Sie Ihr Feld daher sorgfältig aus und achten Sie auf die nähere Umgebung. So ist ein Außenfeld innerhalb einer dicht besiedelten Gemeinde wohl eher eine schlechte Wahl. Geeignet sind dagegen abgelegene Grundstücke, die weit genug von besiedelten Gebieten entfernt sind. Eine sehr gute Wahl sind allerdings auch Industriegebiete.

5. Sehr wichtig ist in diesem Fall eine Flächennutzungsänderung. Diese „Kleinigkeit“ führte bei nicht wenigen Feldern zur sofortigen Schließung. Man sollte deshalb diesem Aspekt allergrößte Beachtung schenken! Sollten Sie beispielsweise eine Fläche auf einem Feld, das zur Landwirtschaft bestimmt ist, zugesagt bekommen, sollten Sie dringend darauf achten, dass dieses Gebiet laut der Nutzungsbestimmungen nur für Landwirtschaft angemeldet ist, und wenn Sie darauf Paintball spielen wollen, müssen Sie dies unbedingt ändern lassen. Siehe hierzu auch die Baunutzungsverordnung (BauNVO).

Generell lässt sich festhalten: Einige Städte unterstützen Paintballfelder, andere wiederum sind strikt dagegen. Darum sollten Sie sich rechtlich vorher hundertprozentig absichern, um nicht später eventuell böse Überraschungen zu erleben.

Jetzt aber genug der bürokratischen Vorüberlegungen. Kommen wir nun zu den praktischen Informationen, die man zur Verwirklichung eines eigenen Spielfelds benötigt.

Ein Spielfeld ist selbstverständlich in der Größe variabel. Sie sollten sich aber vorher Gedanken machen, wie viele Leute gleichzeitig spielen wollen.

Selbstverständlich spielt auch die Größe Ihres Grundstücks eine Rolle bei der Planung.

Als Spielfeld eignet sich eine gerade ebene Fläche ohne größere Löcher oder Hindernisse wie z. B. Bäume, Sträucher oder Pflanzen.

Danach beginnen Sie mit der Vermessung des Spielfelds. Rechnen Sie aus, wie groß Ihr Spielfeld von der Fläche her sein soll, und ebenfalls, wie groß der gesamte Umfang des Feldes ist. Dies ist wichtig, um die genaue Menge an Fangnetz zu kaufen und alle damit verbundenen Materialien. Bedenken Sie aber, lieber etwas großzügiger zu kalkulieren als hinterher ein zu kurzes Netz zu haben. Außerdem müssen Sie bedenken, dass Sie noch die Ausgangsnetze einplanen müssen. Hier wird das Netz doppelt gelegt, um auch das Spielfeld betreten zu können. Überlegen Sie sich vorher, wie hoch Sie Ihr Fangnetz wählen wollen. Um ganz sicherzugehen, dass auch wirklich kein Ball das Feld verlässt, sollte das Netz bei einem Außenfeld ca. 4,5 Meter hoch sein. Alternativ gäbe es die Möglichkeit, das Feld ebenfalls von oben mit einem Netz abzudecken. Dies gestaltet sich aber bei einem Außenfeld etwas schwieriger als bei einem Indoor-Feld.

Die gebräuchlichsten Netzgrößen sind:

3 m x 100 m
4,5 m x 100 m
6 m x 100m

Das Netz kann am besten mit Balken und Stahlseilen befestigt werden. Sie sollten aber sicher sein, dass das Netz gut gesichert ist und auch eventuellen Windstößen standhält.

Eine geeignete Spielfeldgröße für 5-Mann- oder 7-Mann-Spiele wäre ein ca. 40 m x 60 m großes Feld. Ebenfalls wäre dieses Feld groß genug, um für Turniere zugelassen zu werden. Die notwendigen Obstacles für Ihr Feld bekommen Sie im Paintballfachhandel.

Hierbei gibt es entweder einzelne Modelle oder auch eine komplette Feldausstattung. Eines der beliebtesten Spielfelder ist das X-Ball-Spielfeld. Hierbei befindet sich in der Mitte des Spielfelds ein überdimensionales, aufblasbares X. Dies ist auch das teuerste Spielfeld mit aufblasbaren Obstacles.

Für ein 5-Mann-Spielfeld benötigt man 19 Deckungen.
Für ein 7-Mann-Feld 25 Deckungen.

Die Deckungen sind mit Schlaufen versehen, mit denen man sie am Boden befestigen kann.

Wenn Sie all dies beachtet haben, kommen wir nun zu einem weiteren wichtigen Bestandteil Ihres Spielfelds:

Die Chronystation

Damit Sie auf Ihrem Feld in Deutschland geltende Regelungen einhalten können, muss jeder Markierer, bevor er auf dem Spielfeld benutzt werden darf, so eingestellt werden, dass er die maximal erlaubte Austrittsgeschwindigkeit nicht überschreitet (siehe bereits Kapitel 2./3.1). Das bedeutet, jeder Markierer wird zuvor auf einer Chronystation so eingestellt, dass die Austrittsgeschwindigkeit 214 fps nicht überschreitet. Die Chronystation muss sich außerhalb des Spielfelds befinden und sollte ebenfalls von einem Netz umgeben sein. Da dort mit Paintballs über den Chrony geschossen wird, empfiehlt es sich, davor eine Wand aufzubauen, die die verschossenen Paintballs auffängt.

Da die Anschaffungskosten für ein Spielfeld ziemlich hoch sind und Sie diese Summe gegebenenfalls nicht aufbringen können, erkundigen Sie sich einfach bei Ihrem Fachhändler nach Spielfeldsupport. Viele Händler unterstützen Spielfelder, so gut sie können, und vergeben Rabatte, wenn Sie für den jeweiligen Händler im Gegenzug Werbung machen, z. B. in Form von Werbebannern, Plakaten oder Ähnlichem.

Wenn Sie all diese Schritte durchgegangen sind, können Sie mit dem Spielen beginnen.

Beachten Sie aber, dass sich die Vorschriften und Auflagen von Bundesland zu Bundesland unterscheiden können, sichern Sie sich vorher ausreichend ab und suchen Sie am besten den direkten Kontakt zu den zuständigen Behörden. Am besten suchen Sie sich zur Beratung rechtliche Unterstützung, um herauszufinden, was erlaubt ist und was nicht. Sie sollten eine in allen Bereichen (Verwaltungsrecht, Strafrecht, Waffenrecht, Baurecht, Gewerberecht, Sportrecht, Haftungsrecht) kompetente Rechtsanwaltskanzlei beauftragen.

In diesem Sinne: „Viel Spaß beim ersten Breakout!"

Glossar

1:

1-for-1:

Spielregel aus der Spielart Speedball.

A:

Ammo-Box (alternativ: Hopper):

Aufsatz auf dem Paintballmarkierer. Meist mit 100–200 Bällen Fassungsvermögen führt er dem Markierer automatisch Bälle zu durch Schwerkraft (Schüttelhopper) oder durch einen Antrieb (E-Hopper, Qloader).

Angel:

Elektropneumatischer Markierer der obersten Preisklasse.

Anodizing:

Englischer Begriff für das Eloxieren (übliche Methode, mit der ein Markierer farblich gestaltet ist).

Anti Double Ball (Anti Double Feed):

Dieses kleine Teil verhindert, dass 2 Bälle gleichzeitig in den Lauf des Markierers gelangen (weitere Bezeichnung: Ball Detent).

Anti Liquid:

Anbauteil, das verhindern soll, dass flüssiges CO_2 in den Markierer gelangt und dieses den Markierer somit nicht beschädigen kann.

ASA:

Englische Abkürzung für Air Source Adapter. An diesem Anschluss wird die HP- (Pressluft) oder CO_2-Flasche angeschlossen. Liegt meistens unter dem Griff eines Markierers. Gewindegröße: ½ ".

Autococker:

Legendäres Markierersystem von Bud Orr (WGP).

Augen (Eyes):

Augen „schauen", ob ein Ball vor dem Bolt liegt. In der moderneren Breakbeam-Methode wird eine Lichtschranke unterbrochen, sobald ein Ball vor dem Bolzen liegt. Bei der Reflective-Methode wird ein Lichtstrahl vom Paintball zurückgeworfen und fällt in eine Empfängerdiode. Bei dieser Methode kann es Probleme mit dunklen Paintballs geben.

Automag:

Ebenso legendäres Markierersystem und einer der ersten Markierer überhaupt.

B:

Ballbreak:

Wenn in der Zuführung oder im Lauf ein Paintball platzt. Vor allem im Lauf führt das dazu, dass praktisch keine Zielgenauigkeit mehr besteht und die Bälle überallhin fliegen. Die meisten Läufe lassen sich zwar wieder freischießen. Besser ist natürlich, den Lauf mit einem Laufreiniger zu säubern.

Ballfangnetz:

Das Ballfangnetz wird um das Spielfeld aufgestellt und verhindert das Verlassen eines Paintballs vom Spielfeld, damit keine außen stehenden Personen getroffen werden.

Ball Detent:

Siehe Anti Double Ball.

Bandana:

Ein Kopftuch. Meist mehr Styling als nützlich. Aber es hält auf jeden Fall die Farbe aus den Haaren, und einige Hersteller verstärken den Stirnbereich Ihrer Kopfbedeckung, um direkte Treffer etwas „angenehmer" zu gestalten.

Bar:

Einheit für Druck. 200 bar (3 000 psi) und 300 bar (4 500 psi) sind die üblichen Werte für den Druck in HP-(High Pressure)Flaschen.

Barrel:

Das ist der Lauf des Markierers.

Barrel Plug:

Der Barrel Plug soll verhindern, dass sich ein Schuss versehentlich außerhalb des Spielfelds löst. Er ist aber nicht mehr gern gesehen, da es bei aufeinander folgenden Schüssen dazu kommen kann, dass er sich löst und jemandem entgegenfliegt. Das Laufkondom ist ein wesentlich sicherer Ersatz dafür.

Base:

Vor Spielbeginn müssen sich normalerweise alle Spieler eines Teams in der eigenen Base befinden. Das ist ein festgelegter Startpunkt, meist an den Kopfseiten des Spielfelds.

Battlepack:

Sozusagen ein „Munitionsrucksack". Das Battlepack schnallt man sich auf den Rücken und führt in ihm Paintballs in Kunststoffzylindern (Pots, Speedloadern) mit.

Beavertail:

Zielfernrohrschiene, die gleichzeitig bei Blowback-Markierern und Cockern vor dem zurückschnellenden Bolzen schützen soll.

Blowback:

Bestimmtes Funktionsprinzip eines Markierers. Bei einem Blowback-Markierer muss zuerst der Bolzen gespannt werden. Dadurch kann ein Ball nachfallen, sobald er an seiner hintersten Position ist. Durch Drücken des Abzugs schnellt der Bolzen nach vorn in seine vorderste Position. Das Treibmittel kann dann den Ball aus dem Lauf drücken. Durch das entweichende Treibmittel wird gleichzeitig der Bolzen in die hintere Position zurückgetrieben, es fällt erneut ein Ball nach und der Markierer ist bereit zum Schuss.

Bolt:

Englisch für Bolzen. Der Bolt ist dafür zuständig, dass der Paintball vorn aus dem Lauf fliegt.

Bottom Line:

Der Drucktank wird unter den Griff verlegt, man kann den Markierer an der Schulter abstützen. Früher wurde die CO_2-Flasche direkt vorn anstatt des Frontgriffs montiert.

Bounce:

Hat zwei Bedeutungen: Als Bouncer wird ein Paintball bezeichnet, der am Gegner abprallt und nicht zerplatzt. Ebenfalls bezeichnet man das Abfeuern mehrerer Schüsse durch nur einmaliges Drücken auf den Trigger (Abzug) als Bounce. Allerdings wird hierfür alternativ auch der Begriff Ramping verwendet.

Breakout:

„Anpfiff" des Spiels.

Bunker:

Wenn man einen Mitspieler aus kürzerer Entfernung trifft, nennt man dies bunkern.

Burstdisc (Berstscheibe):

Kleine Metallscheibe, die zerbricht, wenn der Druck im HP- oder CO_2-Tank zu groß wird, und so Mensch und Material vor größeren Verletzungen durch den hohen Druck schützt.

Burstmode:

Einstellung, bei der standardmäßig drei oder mehr Schuss ausgelöst werden, wenn man einmal den Trigger drückt. **In Deutschland verboten!**

BYO:

„Bring your Own" – man kann seine eigenen Paintballs zum Spielfeld mitbringen, wenn ein Veranstalter auf BYO hinweist.

C:

Camo:

Kurz für „Camouflage", also Tarnkleidung.

Centerplayer:

Spieler, der die mittlere Position in der Mannschaftsaufstellung einnimmt und dort bleibt.

Check:

Prüfung durch den Marshall, ob ein Spieler markiert wurde oder nicht.

Chop:

Wenn durch ein zu langsames Nachladen des Hoppers ein Paintball im Markierer durch den Bolzen zerhackt wird, bezeichnet man das als Chop.

Chrony:

Gerät, um die Schussgeschwindigkeit zu messen. Auf jedem legalen Feld vorhanden.

Closed Bolt System:

Der Schuss wird erst ausgelöst, wenn der Bolt in der vordersten Position ist. Langsamer als andere Systeme, aber genauer, da keine Gewichtsverlagerung unmittelbar mit dem Schuss ausgelöst wird.

Coverplayer:

Hinterer Spieler, der den vorderen Spielern Deckung gibt.

CO_2-Füllstation:

Eine CO_2-Füllstation ist ein Aufsatz, der auf eine großvolumige CO_2-Flasche aufgeschraubt wird und somit das Befüllen kleinerer CO_2-Tanks ermöglicht.

CO_2-Tank:

Gasflasche, die mit CO_2 gefüllt wird und auf den Markierer aufgesetzt wird. Durch das CO_2 wird der Paintball aus dem Markierer geschossen.

Cup Seal:

Dichtung am Schlagventil des Markierers.

D:

Dead Man Talk:

Ein Teil des Regelwerks. Wenn ein bereits markierter Spieler seinen Teamkameraden verrät, wo Gegenspieler sich befinden. Dies ist verboten!

Dead Man Walk:

Wenn ein noch nicht markierter Spieler so tut, als wenn er markiert wäre, und sich somit ungehindert dem Gegenteam nähert (nicht verboten, aber unsportlich).

Delrin:

Selbst schmierender Kunststoff, der gern bei Bolzen oder anderen beweglichen Markiererteilen benutzt wird.

Donkey:

ASA-Adapter, an dem die HP- oder CO_2-Flasche eingeschraubt werden kann.

Drop Forward:

Bauteil, das den Donkey nach vorn verlagert und somit auch den Schwerpunkt des Markierers.

Drop Off:

Wenn der Markierer nicht genug Druck aufbaut, um den Paintball genau so wie den vorherigen Schuss zu beschleunigen, und dieser somit kürzer fliegt (abfällt).

Durchrattern:

Tritt bei Blow-Back-Markierern auf, die zu wenig Druck haben. Entsteht dadurch, dass der Bolt nicht mehr in seine alte Position zurückfindet. In einer Art Dauerfeuer pendelt der Bolt so hin und her, bis die Treibmittelquelle erschöpft ist.

E:

Elbow:

Adapterstück zwischen Markiererfeed und Hopper.

Eloxieren:

Verfahren, bei dem man Aluminium oberflächlich eine Farbe gibt.

E-Pneumat:

Andere Bezeichnung für elektronisch gesteuerte Markierer.

Expansionkammer:

Siehe Anti Liquid.

Exportfeder:

Härtere Feder für Blow-Back-Markierer. Erhöht meist die Schussstärke. In Deutschland sind nur 214 fps (feed per second) erlaubt. Damit ist der **Einbau in Deutschland verboten!**

F:

F-Stempel:

Ein F in einem Fünfeck. Muss auf jedem Markierer, der in Deutschland ist, vorhanden sein. Sonst ist der Markierer illegal und wird nicht mehr als freie Waffe bezeichnet.

Feed:

Als Feed bezeichnet man das Stück am Markierer, in das der Hopper gesteckt wird. Durch das Feed gelangen die Paintballs ins Innere des Markierers.

Flag/Flagge:

Zielobjekt bei den meisten Spielarten. Meist wird als Flagge ein Stück Stoff verwendet.

FPO-Field Paint Only:

Bei FPO-Field Paint Only darf nur mit den vom Spielfeldbetreiber angebotenen Paintballs gespielt werden. Es dürfen keine eigenen Paintballs mitgebracht werden.

fps:

Feet per second. In dieser Einheit wird die Mündungsgeschwindigkeit des Markierers gemessen. **In Deutschland sind 214 fps erlaubt!** Im Ausland wird jedoch meist mit bis zu 300 fps gespielt. Dies entspricht auch der maximalen Sicherheitstoleranz bei den Paintballmasken.

Frontbottle:

Wenn die Treibmittelflasche vor dem Griffstück befestigt wird.

G:

Googles:

Googles sind Schutzmasken, die extra für das Paintballspiel entwickelt wurden und vor Gesichtsverletzungen schützen.

gehohnt:

Bezeichnung, wenn ein Lauf von innen hochglanzpoliert ist.

gezogen:

Wenn im Inneren eines Laufs Rillen vorhanden sind.

H:

Hammer:

Teil, das auf das Schlagventil schlägt und somit den Gasdurchfluss auslöst.

Helixbohrung:

Spiralförmig sitzende Bohrungen am Ende eines Laufs. Diese sorgen dafür, dass das Treibmittel den Lauf vor dem Ball verlassen kann und so beim Austreten des Balls aus dem Lauf keine Gaswirbel entstehen, die dem Ball eine instabile Flugbahn geben könnten. Zusätzlich ist ein Lauf mit Helixbohrungen im Verhältnis zu anderen Läufen sehr leise.

Hopper:

Siehe Ammobox.

Hot Gun:

Als Hot Gun bezeichnet man entweder einen illegalen Markierer, der mehr als die gesetzlich zulässige Schussgeschwindigkeit leisten kann, oder einen illegalen Markierer ohne F-Stempel.

HP-Tank:

Gasflasche, die mit Sauerstoff befüllt wird und anstelle von CO_2 zum Verschießen von Paintballs geeignet ist. Mit HP-Systemen erreicht man einen höheren Druck und somit mehr Leistung für den Markierer.

Hyperball:

Anstatt der luftaufgeblasenen Deckungen dienen hier große Rohre als Deckungen.

I:

Inch:

Englische Maßeinheit: 1 Inch = 1 Zoll = 2,54 cm.

Inline Regulator:

Druckregulator, der den Eingangsdruck des Markierers reguliert.

J:

Jersey:
Bezeichnung für das Trikot.

K:

Kadenz:
Schussanzahl des Markierers in einer bestimmten Zeit.

Kondom:
„Socke", die über den Lauf gezogen wird, um versehentliche Schüsse außerhalb des Spielfelds zu verhindern (siehe auch Barrel Plug).

L:

Lanyard:
Das Lanyard dient zur Befestigung eines Laufreinigers, damit im Spiel schnell darauf zugegriffen werden kann.

Lauf/Barrel:
Der Lauf ist ein rohrförmiges Bauteil, das an den Markierer angeschraubt wird und dem Paintball eine geradlinige Laufbahn verschafft. Je länger der Lauf, desto genauer die Flugbahn des Paintballs.

Laufplatzer:
Wenn der Ball im Lauf platzt (siehe auch Ballbreak).

LPR:
Abkürzung für „Low Pressure Regulator". Gemeint ist hiermit ein Niedrigdruckregulator, der es ermöglicht, an einen Markierer, der nur mit unter 400 psi betrieben werden darf, eine Treibmittelquelle

anzuschließen, die 850 psi liefert. Der Druck wird durch den LPR herabgesetzt.

M:

Markierer:

Paintball-„Pistole", die zum Verschießen von Paintballs geeignet ist.

Markiererfeed:

Siehe unter Feed.

Markierer-Öl:

Das Markierer-Öl ist speziell für Paintballmarkierer entwickelt worden und dient zur Pflege und zum Schmieren beweglicher Teile im Markierer, ohne dabei Dichtungen und sonstige Kunststoffteile anzugreifen. Als Faustregel gilt: Alle Metallteile stets mit einem dünnen Ölfilm benetzen, der Abzug kann auch einen Hauch mehr vertragen.

Mamba:

Schlauchsystem zur Verbindung von Treibmittelflasche und Markierer, meist bis zu einem Meter lang. Wird verwendet, um die Treibmittelflasche z. B. auf dem Rücken zu tragen.

Manometer:

Das Manometer wird am Markierer angebracht und gibt Aufschluss über den Druck innerhalb des CO_2-/HP-Behälters.

Marshall:

Schiedsrichter auf dem Paintballfeld.

Milling:

Fräsungen am Markiererbody.

Muggen:

Bedeutet, einen Gegenspieler durch einen schnellen Sprint oder durch Reinhechten hinter dessen Deckung aus kurzer Distanz zu markieren.

Munbox/Pod:

Als Munbox bzw. Pod bezeichnet man kleine Gefäße, die mit Paintballs gefüllt und während des Spiels mitgetragen werden. Sie dienen zum schnellen Nachladen des Hoppers.

N:

No Camo:

Initiative, die die Tarnkleidung beim Paintballspielen ausschließt.

O:

Obstacles:

Aufblasbare Hindernisse, die auf einem Spielfeld aufgestellt werden und als Barrikaden dienen. Sie sind in vielen verschiedenen Formen erhältlich.

O-Ring:

Dichtungsring aus Gummi oder Silikon.

on/off:

Ventil, das von Hand auf- und zugeschraubt werden kann. Meist am Donkey angebracht, um die Treibmittelquelle problemlos trennen zu können und um in Spielpausen z. B. zum Reinigen mal kurz die Treibmittelzufuhr unterbrechen zu können.

Open Bolt System:

Blow-Back-Markierer und Automag arbeiten nach diesem Prinzip. Ungenauer, aber günstiger als High-End-Markierer.

oz:

Unze – amerik. Maßeinheit für Gewichte. 1 oz ~ 31,1035 g.
In oz wird vor allem die Füllmenge von CO_2-Flaschen angegeben. 12–20 oz ist der Standart.

P:

Paint:

Abkürzung für Paintball.

Paintball:

Farbkugel, bestehend aus einer gelatineartigen Hülle, gefüllt mit einer farbigen Flüssigkeit. Der Paintball hat einen Durchmesser von 17,3 mm.

Paintcheck:

Ein Spieler kann für sich selbst oder auch für seinen Gegner einen Paintcheck beim Marshall erbitten. Das bedeutet, der Marshall kontrolliert ihn, ob er Treffer abbekommen hat oder der Gegner getroffen wurde. Der Marshall kann, aber muss der Aufforderung nicht folgen.

Penalty:

Strafe, die von Marshalls ausgesprochen werden kann. Platzverweis, Spielverweis, Turnierausschluss, Punktabzug für einzelne Spieler oder die ganze Mannschaft.

Pinventil:

Das Ventil öffnet und schließt sich automatisch beim An- und Abdrehen des Treibmitteltanks. Schlecht für die O-Ringe an der Flasche, die durch den anliegenden Überdruck über das Gewinde gescheuert werden. Diese gehen meist nach zwei, drei Versuchen kaputt und werden undicht. Daher ist ein On/Off-Ventil sehr empfehlenswert!

Pots:

Nachladebehälter, der mit Paintballs gefüllt im Battlepack mitgeführt wird. Wird auch als Speedloader bezeichnet.

Powerhose:

Schlauch, der außerhalb des Markierers liegt und unter Druck steht. Verbindet meist den ASA oder Donkey mit dem Inline Reg, der sich meist im vorderen Griffstück befindet.

Preset:

Voreingestelltes HP-System. Der Ausgangsdruck kann nicht reguliert werden.

psi:

Druckeinheit. 3 000 psi entsprechen etwa 200 bar, 4 500 psi entsprechen etwa 300 bar.

Pumpe:

Pumpactionmarkierer. System, bei dem der Bolt manuell zurückgeschoben werden muss, damit ein neuer Paintball in den Lauf gelangt und ein erneuter Schuss möglich ist.

Pushpin:

Teil an einer Autococker, das den Bolt fixiert.

R:

Rail:
Englische Bezeichnung für Schiene. Meistens ist damit eine Schiene auf dem hinteren Teil des Markierers gemeint, auf der ein Visier oder andere Zusätze montiert werden können.

Regulator:
Siehe unter Bounce.

Regulator:
Sitzt auf der Treibmittelflasche und reguliert deren abgegebenen Druck.

Remote:
Wenn der Treibmitteltank auf dem Rücken getragen wird und per Schlauch an den Markierer angeschlossen ist. Siehe auch unter „Mamba“.

S:

Safety Zone:
Sicherheitszone auf oder vor dem Spielfeld.

Sear:
Metallwippe in einer Autococker und bei Blow-Back-Markierern. Der Sear löst den Hammer aus.

Semi:
Bezeichnung für semiautomatischer Markierer. Meist werden Autococker und Blow-Back-Markierer so bezeichnet. Sie bilden ein mittleres Segment hinter den Pumpen und vor den E-Pneumaten, die zur Oberklasse gezählt werden.

Shocker:

Markierer der preislichen Oberklasse.

Solenoid:

Ist der „Motor", der bei Markierern mit elektronischen Griffen den Schuss auslöst, indem der Sear entriegelt wird.

Speedball:

Spielfeldart, bei der alle möglichen Gegenstände als Deckung verwendet werden, wie z. B. Reifen, Paletten, Bretterbuden usw.

Speedloader:

Siehe unter Pots.

Spiralschlauch:

Siehe unter Mamba.

Sight Rail:

Das Sight Rail ist eine Schiene, die auf den Markierer aufgesetzt wird und das erhöhte Befestigen einer Zieleinrichtung ermöglicht.

Squeegie:

Laufreiniger

SupAir:

Spielfeldart mit aufblasbaren Deckungen (siehe Obstacles). Für diese Felder werden sehr verschieden geformte Deckungen verwendet. 15–20 für bis zu 10 Spieler. Bei 14 Spielern sind es meist noch einige mehr.

T:

Thermalglas:

Spezielles Glas für Masken, das nicht beschlägt und die Sicht nicht versperrt. Sehr empfehlenswert!

Trigger

Der Abzug des Markierers wird so genannt. Pumpmarkierer und mechanische haben meist einen single (einzelnen) Trigger, gute mechanische oder elektronische Markierer haben einen double Trigger. Double bedeutet einfach nur, dass man mit zwei Fingern den Trigger betätigt (siehe auch walken).

U:

Unze:

engl. für Ounce.
1 Unze = 31,104 g
Gewichtsangabe z. B. für CO_2-Flaschen.

V:

Valve:

Ventil. Es steuert den Luftfluss zum Paintball und dem Bolt und wird je nach Markierertechnik unterschiedlich, aber z. B. bei Blow-Back-Markierern durch den Hammer betätigt.

Venturi Bolt:

Bolzen (siehe unter Bolt), der an der vorderen Öffnung statt eines großen Lochs mehrere kleine Löcher hat. Dies soll den Druck besser auf den Ball verteilen.

Vertical Feed:

Bezeichnung, wenn die Paintballs direkt von oben in den Markierer geführt werden.

Volumizer:

Luftkammer, in der eine kleine Luftreserve gehalten wird, um Drop Offs zu verhindern (siehe auch unter Drop Off).

W:

Walken:

Das extrem schnelle Betätigen des Triggers, indem man stets im Wechsel zwei Finger auf den Trigger auf und ab senkt. 8 bis 12 Triggerkontakte in der Sekunde sind bei guten Einstellungen schnell erreichbar.

Wischen:

Als Wischen bezeichnet man das Verwischen eines Treffers auf der Kleidung, um den Treffer zu vertuschen.

Woodland:

Bezeichnung für das Paintballspielen im Wald. Wenn in einem Wald gespielt wird, nennt man die Spieler meist Woodlandspieler oder liebevoll Woodys.

Z:

Zoll:

Englische Masseinheit: 1 Zoll = 1 Inch = 2,54 cm.